行列のたえないパン店
ビーバーブレッドの新提案

パパパ パン定食

和洋中いつもの料理がパンに合う!

割田健一

この本に寄せて

この本のタイトルをどうするか、制作スタッフの皆さんと雑談ミーティングをしていたときのこと。 僕は何かを言おうとして言葉に詰まり、つい「パ、パ、パ、パン定食…」と口走ってしまいました。 そうしたら「えっ」「それいいかも」と皆さん。 そして、本当にこの本のタイトルは、『パパパ パン定食』となりました。 まさにケガの功名といいますか。 そんなふうに転んだ先で決まったタイトルですが、実はとっても気に入っています。 というのは、僕は読者の皆さんに何を伝えたいか考えたとき、それは、「毎日の食卓にたくさんのパンがのることの楽しさ」だったから。『パパパ パン定食』ってとても楽しげな響きがあるじゃないですか。

　パンのお好きな方が増えたとはいえ、まだまだ食卓はパンにとってアウェイです。「中華や和食ならごはん、パンは洋食のときだけ」「朝は食パントースト」「お昼はサンドイッチ」「シチューのときはバゲットかロールパンの2択」といった具合にパンの出番は限られ、バリエーション自体もまだ少ないのです。 このあたりで自分なりに提案をしたいなと思いました。 毎日、もっとパンを食べていただくためには、食卓にレボリューションを起こさないと、ね。

　この本では、「へぇ」と思うような和洋中の垣根をとっ払った、おいしいパンとおかずの組み合わせやサンドイッチを提案させていただきました。 気になるレシピがあれば、ぜひ試してみてください。一つまた一つ、パンの可能性の扉が開かれることでしょう。 パンに合わせることで、いつもの料理の違ったおいしさを再発見するかもしれません。

　食卓をパ、パ、パ、パンの力でもっと幸せに、豊かに、楽しく!パン職人からの願いです。

割田健一

CONTENTS

この本の使い方

・ 小さじ1は5ml、大さじ1は15ml、1カップは200mlです。

・ 火かげんは特に指定のないかぎり、中火で調理しています。

・ 野菜類は、特に指定がない場合は、洗う、皮をむくなどの作業をすませてからの手順を説明しています。

・ 調味料は、特に指定がない場合は、しょうゆは濃口しょうゆ、砂糖は上白糖を使用しています。
　こしょうは白こしょう、黒こしょうを好みでお使いください。

・ 電子レンジやオーブントースターの加熱時間は表記したワット数で使用した場合の目安です。
　機種や食材によって差があるので、様子を見ながらかげんしてください。

この本にでてくる
ビーバーブレッドのパンたち

カンパーニュやバゲットなどのフランスパンから、
パン・ド・ミや山食パンなどの定番パン、
メロンパンやシナモンロールなどの甘いパンまで。
バリエーション豊富なビーバーブレッドから人気パンが本書に集結！
それぞれのパンに料理をマリアージュして、
いろいろなパンのおいしさを楽しんでください。

このページの見方

⇒ … このパンを
　　　使ったレシピ

ハード … ハードなパン

ソフト … ソフトなパン

甘い … 甘いパン

辛い … 辛いパン

ソフト + 辛い
オリーブパン
大粒のアンチョビオリーブが
ごろごろ入っています。塩味
が効いた風味豊かなパンです。
⇒ P.60

ハード
ハードトースト
バゲットの生地を使った食パ
ン。皮はパリッと中身はしっ
とり。小麦の風味が生きて
います。⇒ P.45

ハード
雑穀パン
すべて国産材料を使用。赤米、黒米、いなき
びなど6種類の雑穀入りで和食にもぴったり。
⇒ P.14

ハード
バゲット
料理を引き立てるパンの代表
格。クラスト（表面の皮）を
噛みしめるおいしさはひとしお。
⇒ P.16、P.34、P.37、
　P.43、P.53

ハード
全粒粉のカンパーニュ
全粒粉を多く使ったカンパー
ニュ。噛みしめるほどに生
地のおいしさが味わえます。
⇒ P.48

ハード
チャバタ
オリーブオイルをねり込んだ食事パン。もっ
ちりとした食感で噛みごたえもあります。
⇒ P.19

ソフト
パン・ド・ミ
毎日食べるパンだから、小麦やバターの風味をストレートに表現した飽きのこない味です。
⇒ P.24、P.27、P.42、P.44、P.67、P.68、P.69、P.70～73

ハード
クミンバゲット
バゲットの生地にクミンをまぜ込んだパン。スパイシーな独特の風味がクセになります。
⇒ P.18

ソフト
チーズフランス
マッシュポテトをねり込んだ生地にコクのあるプロセスチーズをたっぷり包みました。
⇒ P.26

ハード
イチジク
カンパーニュの生地にドライイチジクを入れました。生地の噛みごたえとプチプチ感が絶妙なおいしさ。⇒ P.20

ソフト
ドッグパン
あらびきの全粒粉を配合したサンドイッチ用のパン。全粒粉ならではの香り立ちが最高です。⇒ P.50

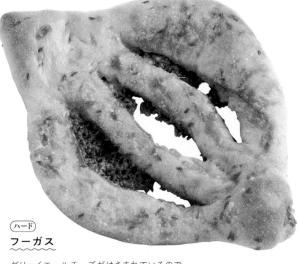

ハード
フーガス
グリュイエールチーズがはさまれているので、濃厚でクリーミィな味わいです。⇒ P.62

ハード
サワー・ドゥ・ブレッド
ビーバーブレッドの人気商品、カンパーニュ。全粒粉とライ麦粉の深い味わいが魅力です。
⇒ P.40、P.46、P.49、P.63、P.66

ソフト
クー（白パン）
小麦の芯だけを使った雑味の少ない丸パン、丸い形はビーバーの尻尾（Queue）をかたどっています。⇒ P.36

ソフト
クー チーズ
シンプルに食材の味わいをきわ立たせるクーに、たっぷりとチーズを入れました。
⇒ P.63

ソフト ＋ **甘い**
クー レーズン
サルタナ、モハベ、マスカットの3種のレーズンを入れたクー。酸味と甘みが楽しめます。
⇒ P.65

（ソフト）
山食パン

生地の中にはちみつが入って
いるので、常温でもトースト
しても、どちらもおいしい食
事パン。 ⇒ P.12、P.23、P.63

（ソフト）+（甘い）
シナモンロール

カルダモン入りの生地に、シナモンシュガー
をたっぷりとまぶした北欧風シナモンロール。
⇒ P.58

（ハード）
ベーコンパン

ベーコンの塩けと粒マスター
ドの香りがマッチ。 噛めば
噛むほどうまみがあふれます。
⇒ P.37

（ソフト）
フォカッチャ

オリーブオイルとバターを生地にねり込み、
塩味を効かせたふわふわ食感の食事パン。
⇒ P.28

（ソフト）+（甘い）
くるみパン

ふんわりとした甘めの生地
に、大粒のくるみをごろごろ
とねり込みました。 ⇒ P.64

（ソフト）+（甘い）
メロンパン

ふんわりと蒸しパンのような
食感。 レモン果汁とすりお
ろした皮が入ってあと味もさ
わやか。 ⇒ P.22

（ソフト）+（甘い）
クロワッサン

表面はパリッと中にはしっとりとした層が重な
る、小麦とバターの成せる究極のパン。
⇒ P.30、P.52

（辛い）
カレーパン

牛すじの赤ワイン煮込みカレーを包んだ、表面がサクッとした焼きカレーパンです。
⇒ P.61

（ハード）
リュスティック

表面はパリッと中身はしっとり。一度知るとやみつきになるハードパンの入門商品。
⇒ P.36

（ソフト）＋（甘い）
塩パン

ふんわりしっとり甘めな生地と中心に入れた有塩バターが、甘じょっぱく絡みます。
⇒ P.31

（ソフト）＋（甘い）
ふわもちベーグル

ビーバーブレッドのベーグルはふんわりもっちりとしたやさしい味わいが特徴的です。
⇒ P.32

（ハード）＋（辛い）
ごぼうチーズパン

ごぼうとチーズは高相性。ささがきごぼうの上品な香りとチーズのマリアージュを楽しんで。⇒ P.17

（甘い）
スパイシーナッツスコーン

ブラックペッパーとカイエンヌペッパーを効かせたピリッとしたナッツ入りスコーンです。⇒ P.35

（ソフト）＋（辛い）
ソシソン

九州阿蘇豚のソシソン（ドライソーセージ）入りパン。噛むとジューシーなうまみが広がります。
⇒ P.58

（ハード）＋（辛い）
明太子フランス

マヨとバターをまぜた明太子ペーストたっぷりのフランスパン。レモンの香りもさわやか。
⇒ P.35

（ハード）＋（辛い）
パリパリチーズパン

マッシュポテトをねり込んだ生地と芳香なパリパリチーズの絡みがクセになります。
⇒ P.34

PART 1

いつものおかずと パン

洋食にはパン、中華や和食だったらごはん、

そんなふうに決めていませんか?

中華や和食のおかずでもちょっと味変するだけで、

パンに合うおかずになります。

そのことに気づくと、パンのレパートリーも徐々に増え、

食べなれたはずのおかずが新鮮に見えてくるはず。

食卓をもっと豊かに楽しくしてくれる、

パンとおかずの新マリアージュをご紹介します。

鶏の唐揚げ with 山食パン

みんなが大好きな唐揚げ。
パンと合わせれば、食事としてもおつまみとしても楽しめます。

● **材料** | 2人分

鶏もも肉 … 1枚（300〜400ｇ）

揚げ油 … 適量

Ⓐ
- にんにく（すりおろし）… 小さじ1/2
- しょうが（すりおろし）… 小さじ1/2
- しょうゆ … 大さじ1
- 酒 … 小さじ2

Ⓑ
- 片栗粉 … 大さじ2
- 薄力粉 … 大さじ2

● **はちみつマヨディップ**
- はちみつ … 大さじ1/2
- マヨネーズ … 大さじ2

キャロットラペ … 適量

山食パン … 適量

● **作り方**

① 鶏肉は一口大に切る。

② ボウルに①を入れてⒶを加え、手でよくまぜ合わせ、10分ほどつけ込む。

③ Ⓑを加えてよくまぜ合わせる。

④ フライパンに多めの油を熱して③を色よく揚げる。

⑤ はちみつとマヨネーズをまぜる。

⑥ 器に④を盛り、キャロットラペを添え、⑤と適当な大きさに切った山食パンを添える。

キャロットラペ

● **材料** | 作りやすい分量

にんじん … 1本

塩 … 小さじ1/3

砂糖 … 小さじ1

酢 … 小さじ1

レモン汁 … 小さじ1

こしょう … 少々

レモンスライス（いちょう切り）… 4枚

オリーブオイル … 小さじ1

● **作り方**

① にんじんはスライサーでせん切りにし、塩をまぶして5分ほどおき、水けをしぼる。

② ボウルに①を入れ、砂糖、酢、レモン汁の順に加えてまぜ、こしょう、レモン、オリーブオイルを加えてまぜる。

③ 冷蔵庫で冷やしてから食べる。

Warita's POINT

はちみつが入ったほんのり甘い山食パンと唐揚げの両方に合う、はちみつマヨディップが味の決め手です。

焼き魚パン定食 with 雑穀パン

定食といえばごはん、おかず、味噌汁ですが、
ごはんではなくパンでおいしい焼き魚定食を作りました。

● **材料** | 2人分

塩鮭 … 2切れ

● **タルタルソース**

ゆで卵 … 1個

パセリ（みじん切り）… 少々

マヨネーズ … 大さじ1

国産レモンの皮（すりおろし）
　　… 1/2個分

野菜の味噌汁… 全量

雑穀パン … 適量

● **作り方**

① 鮭を焼く。

② ゆで卵はあらく刻み、パセリ、マヨネーズ、レモンを加えてよくまぜる。

③ 器に①を盛り、②を添える。

④ 野菜の味噌汁、スライスした雑穀パンを添える。

野菜の味噌汁

● **材料** | 2人分

じゃがいも … 1個

にんじん … 1/4本

玉ねぎ … 1/2個

野菜ブイヨン … 大さじ1/2

赤味噌 … 大さじ2

● **作り方**

① じゃがいもとにんじんは適当な大きさに切り、玉ねぎはくし形切りにする。

② 鍋に水500mlを入れて沸かし、①を煮る。

③ ブイヨン、味噌の順で加える。

Warita's POINT

焼き魚にはタルタルソース、味噌汁のだしは野菜ブイヨン、パンは雑穀入りのパン。ちょっとの工夫でパン定食のでき上がり。

真鯛のカルパッチョ
はちみつレモンソース with バゲット

わさびじょうゆもいいけれど、
酸味のあるソースや塩でいつものお刺し身をパン仕様に!

● **材料** | 3人分

真鯛（刺し身用）… 1さく（150g）

塩 … 適量

レモンスライス … 1枚

スプラウト … 適量

● **はちみつレモンソース**
- はちみつ … 小さじ1
- レモン汁 … 大さじ1
- EXV オリーブオイル … 大さじ1

バゲット … 適量

● **作り方**

① 鯛はそぎ切りにして器に並べる。

② 塩小さじ1/4を全体に振り、4等
分に切ったレモンをのせ、ラップを
かけて冷蔵庫で冷やす。

③ はちみつレモンソースの材料を白
濁するまでよくまぜ合わせる。

④ ②のレモンをとり除き、③をかけ、
スプラウトを飾り、塩少々を添える。

⑤ 薄くスライスしたバゲットを軽く
トーストし、添える。

> **Warita's POINT**
>
> ビーバーブレッドのバゲットの材料はすべて
> 国産にこだわっているので、ぜひ和食に合わ
> せて召し上がってください。

さばのピーナッツ味噌煮

with ごぼうチーズパン

いつものさばの味噌煮にひと工夫。
ピーナッツペーストを加えてパンに合う味にしました。

● **材料**（2人分）

さば … 2切れ

にんにく … 1かけ

赤唐辛子 … 1本

● **煮汁**

　味噌 … 大さじ1

　ピーナッツペースト（無糖）
　　… 大さじ1

　酒、みりん … 各75mℓ

　砂糖 … 大さじ2

● **ピーナッツソース**

　ピーナッツペースト（無糖）
　　… 大さじ1

　はちみつ … 小さじ1

　あらびき黒こしょう … 少々

ごぼうチーズパン … 2個

● **作り方**

① さばは皮目の身の厚い部分に浅く
　切り込みを入れる。 にんにくは包
　丁の腹でつぶす。

② 鍋に煮汁の材料、にんにく、赤唐
　辛子を入れて火にかけ、煮立った
　らさばを入れる。

③ 落としぶた（キッチンペーパーまたはアルミホイルでも
　よい）をして、弱火で10分ほど煮る。

④ 落としぶたをとり、中火にして、煮汁が半量になる
　まで煮詰める。

⑤ 器に盛り、ごぼうチーズパンを添える。

⑥ ピーナッツソースの材料をまぜ合わせて⑤に添える。

Warita's POINT

味噌に合うパンを考えたとき、頭に浮かんだのがごぼうチーズパン。ごぼうとチーズ、味噌は相性抜群! ピーナッツペーストを加えることで完璧に! ピーナッツソースはパンにつけて楽しんで。

キーマカレー with <u>クミンバゲット</u>

豚ひき肉と野菜たっぷりのスパイシーなキーマカレー。
パンにつけながら食べてください！

● 材料 | 3人分

豚ひき肉 … 250g
にんにく … 1かけ
玉ねぎ … 1/4個
なす … 1/2個
ズッキーニ … 1/2本
パプリカ（赤・黄）… 各1/8個
クミンシード … 小さじ1
マスタードシード … 小さじ1
カレーフレーク … 大さじ4
サラダ油 … 大さじ2
ピクルス … 適量
クミンバゲット … 3個

● 作り方

① にんにくと玉ねぎはみじん切りに、なす、
　 ズッキーニ、パプリカは1cm角程度に切る。

② 鍋にサラダ油、クミンシード、マスタード
　 シードを入れて弱火で熱する。

③ 香りが立ってきたらにんにく、玉ねぎを
　 加え、中火で炒める。

④ 玉ねぎが透き通ってきたらひき肉を加え
　 て炒め、肉の色が変わったら①のなす、
　 ズッキーニ、パプリカを加える。

⑤ 野菜がしんなりとしてきたら水100mℓとカ
　 レーフレークを加えて5分ほど煮る。

⑥ 器に盛り、ピクルス、スライスしたクミン
　 バゲットを添える。

Warita's POINT

カレーにもパンにもクミンが入ることで、相性がよくなります。クミンバゲットがない場合は、オリーブオイルを塗ったバゲットにクミンシードを振り、軽くトーストしてください。

骨なしあじフライ with チャバタ

しょうゆやソースでごはんに合わせていたあじフライも、
マスタードソースでパンにぴったり。

● **材料** | 3人分
あじ（三枚おろし）… 3尾
塩、こしょう … 各少々
パン粉 … 適量
揚げ油 … 適量
キャベツ（せん切り）… 適量
スプラウト … 適量
● **バッター液**
　卵 … 1個
　水 … 大さじ1
　薄力粉 … 大さじ2
● **マスタードソース**
　フレンチマスタード … 大さじ2
　マヨネーズ … 大さじ1
チャバタ … 適量

● **作り方**
① あじは小骨を除き、塩、こしょうを振って
　10分ほどおく。
② まぜ合わせたバッター液に①を絡めたら、
　パン粉を全体にしっかりとつける。
③ フライパンに多めの油を熱し、②を全体
　がこんがりときつね色になるまで揚げる。
④ マスタードソースの材料をまぜ合わせる。
⑤ チャバタを半分に切り、さらに厚みを半
　分に切る。切り口にマスタードソース適
　量を塗り、キャベツとスプラウト、③をは
　さむ。
⑥ 残ったマスタードソースを添える。

Warita's POINT

あじフライのサクサク感とサクッと
したチャバタの食感がマッチします。
ぜひ、野菜と一緒にサンドにして味
わってください。

薄切り豚肉と
ドライフルーツの酢豚

with **イチジク**

いつもの酢豚にドライフルーツを加えるだけで、
酸味と甘みがさわやかなパンに合うおかずに変身!

● **材料** | 3人分

豚薄切り肉 … 200g

塩 … 少々

薄力粉 … 適量

玉ねぎ … 1/2個

ピーマン … 2個

パプリカ (赤・黄) … 各1/4個

ドライフルーツ (パイナップル、アプリコット)
　… 合わせて1/2カップ

酢豚のもと (市販品) … 1回分

サラダ油 … 適量

イチジク (パン) … 3個

● **作り方**

① 豚肉は全体に塩を振り、1枚ずつ握って
　なじませる。薄力粉をまぶし、余分な粉
　をはたく。

② 玉ねぎは食べやすい大きさに、ピーマン
　とパプリカは一口大に切る。

③ フライパンにサラダ油適量を熱して①を
　焼く。全体に焼き色がついたらいったん
　とりだす。

④ フライパンをきれいにしてサラダ油適量
　を熱し、②を入れて炒め、しんなりした
　ら③を戻し入れてさっと炒める。

⑤ 酢豚のもととドライフルーツを入れて全
　体を炒め合わせる。

⑥ 器に⑤を盛り、スライスしたイチジク (パ
　ン)を添える。

Warita's POINT

ポイントは、酢豚の豚肉を薄切り肉にすること
と、ドライフルーツを加えること。このひと工
夫で、中華の定番おかずもパンに合う一皿に。
パンもドライフルーツ入りをぜひ選んで。

塩だれ焼き肉 with メロンパン

レモンの効いた塩だれ焼き肉と、なんとメロンパン！
この新しい組み合わせを楽しんで。

● 材料｜2人分

牛ハラミ肉 … 300g

サラダ油 … 適量

レモンスライス … 適量

サンチュ … 2枚

● 塩だれ

長ねぎ（みじん切り）… 1/2本

にんにく（すりおろし）… 1かけ

塩 … 小さじ1/2

ごま油 … 50㎖

削り節（もんで粉状にする）
… 5g

レモンスライス（4等分に切る）
… 1枚

メロンパン … 2個

● 作り方

① 塩だれの材料をよくまぜ合わせる。

② 焼く直前の牛肉に、塩だれ大さじ2を絡める。

③ フライパンにサラダ油を熱して、好みのかげんに焼く。

④ 器に盛り、レモン、サンチュ、残りの塩だれ、食べやすい大きさに切ったメロンパンを添える。

Warita's POINT

ビーバーブレッドのメロンパンはレモンを入れているので、より塩だれ焼き肉に合います。塩だれをパンにつけて食べてもいいです。

豚のしょうが焼き with 山食パン

しょうが焼き用のお肉ではなく、
薄切り肉を使うことでパンと合わせやすくなります。

● **材料** │ 2人分

豚薄切り肉 … 250g

玉ねぎ … 1/4個

パプリカ（黄）… 1/4個

サラダ油 … 適量

レタス … 適量

A
┌ しょうが（すりおろし）… 1かけ
│ にんにく（すりおろし）… 1かけ
│ しょうゆ … 大さじ2
│ 酒 … 大さじ1
└ はちみつ … 小さじ1

山食パン … 適量

● **作り方**

① 豚肉は食べやすい大きさに切り、Aを加えてよくまぜ合わせる。5分ほどおいたらとりだす（汁はとっておく）。

② 玉ねぎはくし形切り、パプリカは細切りにする。

③ フライパンにサラダ油を熱し、①の豚肉と②を炒める。

④ 豚肉の色が変わったら①の汁を加え、全体を炒め合わせる。

⑤ 器に盛り、レタス、スライスした山食パンを添える。

Warita's POINT

薄切り肉を使い、しょうが焼きの隠し味にはちみつを入れることで、はちみつ入りの山食パンと合うようにしました。共通の調味料がパンとおかずをマッチングさせます。

麻婆豆腐 with パン・ド・ミ

麻婆豆腐にパンのミミのクルトンをトッピングし、
楽しい食感をプラスしました。

● **材料** | 2人分

豚ひき肉 … 100g
豆腐 … 1丁
長ねぎ … 1/3本
麻婆豆腐のもと（市販品） … 1回分
サラダ油 … 大さじ1
花椒クルトン … 全量（パンのミミは
　　①で出たものを使用）
パン・ド・ミ（6枚切り） … 4枚

● **作り方**

① 豆腐は大きめの角切りにする。ねぎはあ
　らみじんに切る。パンはミミを切り落と
　して、適当な大きさに切る。
② フライパンにサラダ油を熱し、ひき肉を
　炒める。
③ 肉の色が変わったら麻婆豆腐のもとを加
　えてよくまぜ合わせる。
④ 豆腐を加え、そっとかきまぜながら弱火
　で2分ほど煮る。
⑤ ねぎを加えて全体をまぜる。
⑥ 器に盛り、花椒クルトンをトッピングし、
　①のパン・ド・ミを添える。

花椒クルトン

● **材料** | 2人分

パンのミミ … 1枚分
花椒パウダー … 小さじ1/3
一味唐辛子 … 少々
ごま油 … 大さじ2

● **作り方**

① パンのミミは1cm角に切る。
② フライパンにごま油と花椒パウダーを入れ
　て弱火で熱し、香りが立ったら①を入れる。
③ フライパンを揺すりながら揚げ焼きにする。
④ 仕上げに一味唐辛子を振ってまぜる。

Warita's POINT

辛い味の麻婆豆腐とやさしい味のパン・ド・ミの組み合わせ。対照的な味わいに交互に食べる手が止
まらなくなります。

ピーマンの肉詰め with チーズフランス

ケチャップソースがお決まりのピーマンの肉詰めを、
チーズパンに合うようアレンジしました。

● **材料** | 2人分

ピーマン（赤・緑）… 計5個

強力粉 … 適量

サラダ油 … 適量

粉チーズ … 適量

● **肉だね**

　豚ひき肉 … 300g

　フライドオニオン … 大さじ1

　しょうが（みじん切り）… 1かけ分

　卵 … 1個

　片栗粉 … 小さじ2

　酒 … 小さじ1/2

　こしょう … 少々

チーズフランス … 2個

● **作り方**

① ピーマンは縦半分に切って、内側に強力粉を振る。

② 肉だねの材料をまぜ合わせ、①に詰める。

③ フライパンにサラダ油を熱し、②を肉だねを下にして並べ、焼き色がつくまで焼く。

④ 上下を返し、ふたをして弱めの中火で5～6分蒸し焼きにする。

⑤ 器に盛り、熱いうちに粉チーズを振る。

⑥ 半分に切ったチーズフランスを添える。

Warita's POINT

ポイントは味つけ。トマトケチャップをかけずに粉チーズを振って薄味に仕上げることで、チーズパンの塩けとマッチして、食事がすすみますよ!

フライパン肉じゃが with パン・ド・ミ

フライパンで作る簡単肉じゃがです。
パンに合わせてぜひお試しください!

● **材料** | 2人分

牛こまぎれ肉 … 150g

じゃがいも … 大2個

玉ねぎ … 1個

にんじん … 1/2本

しらたき（アク抜きずみ）… 150g

砂糖 … 大さじ4

酒 … 2/3カップ

しょうゆ … 大さじ2

バター … 適量

パン・ド・ミ（厚切り）… 2枚

● **作り方**

① じゃがいもは4等分に、玉ねぎはくし形切りに、にんじんは乱切りにする。しらたきは食べやすい長さに切る。

② フライパンに①を並べ入れ、上に牛肉を広げて入れる。

③ 砂糖を全体に振り、酒を回しかけてふたをする。

④ 火にかけ、煮立ったら全体をまぜ合わせ、弱めの中火で10分ほど煮る。

⑤ しょうゆを加えてまぜ、ふたをしてさらに10分ほど煮る。

⑥ バター大さじ1を加えて全体をやさしくまぜ合わせ、器に盛る。

⑦ 軽くトーストしたパン・ド・ミに、たっぷりとバターを塗って食べやすい大きさに切り、添える。

> **Warita's POINT**
>
> 肉じゃがとパンの両方に使ったバターがキューピッド役となり、相性抜群です。ぜひ、じゃがいもをつぶしてパンにのせて召し上がってください。

ブロッコリーと
クリームチーズの春巻き with フォカッチャ

とろ～りとしたクリームチーズに野菜とハム、
パンに合う具材で作った春巻きです。

● **材料** │ 2人分（6本）

春巻きの皮 … 6枚

ブロッコリー … 6房（約60g）

ハム … 3枚

クリームチーズ … 50g

あらびき黒こしょう … 適量

オリーブオイル … 適量

フォカッチャ … 1個

● **作り方**

① ブロッコリーはゆでて1房を縦半分に切る。ハムは細切りにする。

② 春巻きの皮を広げ、クリームチーズを塗り、ハムとブロッコリーをのせ、こしょうを振る。

③ 端から包み、巻き終わりを水でとめる。

④ フライパンに高さ1cmほどのオリーブオイルを熱し、③を転がしながら揚げ焼きにする。

⑤ 器に④を盛り、適当な大きさに切ったフォカッチャを添える。

ついでのブロッコリースープ

● **材料** │ 2人分

ブロッコリー … 2房（約20g）

鶏がらスープのもと … 大さじ1/2

卵 … 1個

塩、こしょう … 各適量

オリーブオイル … 少々

● **作り方**

① 鍋に水300mlを入れて沸かし、あらみじんに切ったブロッコリー、鶏がらスープのもとを入れて2分ほど煮る。

② 割りほぐした卵を流し入れ、半熟程度で火を止める。

③ 塩、こしょうで味をととのえ、仕上げにオリーブオイルをかける。

Warita's POINT

フォカッチャの生地にはオリーブオイルがねり込んであるから、春巻きをオリーブオイルで焼くことでぐっと距離感が縮まります。

クリームシチュー with クロワッサン

クリームシチューのときの定番にしたいのがクロワッサン。
パンの層にシチューがやさしく絡みます。

● **材料** | 3〜4人分
玉ねぎ … 1個
にんじん … 1/2本
じゃがいも … 2個
ブロッコリー … 1/2個
クリームシチュールウ … 約90g
バター … 大さじ2
牛乳 … 150ml
バター（トッピング用）… 適量
クロワッサン … 3〜4個

● **作り方**

① 玉ねぎはくし形切り、にんじんは乱切り、じゃがいもは4等分に切る。ブロッコリーは小房に分ける。

② 鍋にバターを入れて熱し、とけたら玉ねぎを炒める。

③ 玉ねぎが透き通ってきたら、にんじんとじゃがいもを加え、水600mlを注ぎ入れる。

④ 煮立ったら弱火にし10〜15分煮る。

⑤ ルウを加えてとかし、①のブロッコリーを加え、ときどきまぜながら5分ほど煮る。

⑥ 牛乳を加えて5分ほど煮る。

⑦ 器に盛り、バターをトッピングする。半分に切ったクロワッサンを添える。

Warita's POINT

クリームシチューとクロワッサンは、両方ともベースが、小麦粉、バター、牛乳で作られた似た者同士の組み合わせ。盛りつけ後の追いバターでさらに相性がよくなります。

スコップコロッケ with 塩パン

材料を入れて耐熱容器で焼くスコップコロッケは、
成形とフライの手間が不要です。

● **材料** | 2〜3人分

※19×12×4cmの耐熱容器を使用

じゃがいも … 2個

玉ねぎ（みじん切り）… 1/4個

合いびき肉 … 200ｇ

ミックスベジタブル（冷凍）… 1/2カップ

塩 … 適量

こしょう … 少々

サラダ油 … 適量

● **オイルパン粉**
- パン粉 … 1/2カップ
- オリーブオイル … 大さじ1
- パセリ（みじん切り）… 大さじ1

塩パン … 適量

● **作り方**

① 鍋にじゃがいもを一口大に切って入れ、かぶるくらいの水と塩少々を加えてゆでて、フォークであらくつぶす。

② フライパンにサラダ油を熱して玉ねぎを炒め、しんなりしたらひき肉を加えて炒める。

③ 肉の色が変わったら①と解凍したミックスベジタブルを加え、塩小さじ1/2とこしょうで味をととのえる。

④ 耐熱容器に入れ、まぜ合わせたオイルパン粉を全体に振る。

⑤ オーブントースターでパン粉に焼き色がつくまで焼く。

⑥ 塩パンに切り込みを入れ、スコップコロッケをはさんで食べる。

Warita's POINT

塩パンの中の空洞（有塩バターがとけた穴）にはバターがじんわり。ぜひ、揚げていないコロッケとバターがまざり合うおいしさを味わってください。

鶏もも肉のレモン照り焼き

with ふわもちベーグル

しょうゆベースの照り焼きのたれにレモンをプラス、
さわやかな酸味が加わりました。

● **材料** | 2人分

鶏もも肉 … 2枚
塩、酒 … 各少々
薄力粉 … 適量
オリーブオイル … 適量
リーフミックス … 適量

● **たれ**
　砂糖 … 大さじ2
　しょうゆ … 大さじ2
　酒 … 大さじ2
　みりん … 大さじ2
　レモン汁 … 大さじ2
　レモンの輪切り … 6枚
チキンコンソメスープ … 全量
ふわもちベーグル … 2個

● **作り方**

① 鶏肉は厚さを均等にし、皮目にフォークで穴を数カ所あける。
② 塩を振り、酒を絡める。
③ 薄力粉をまぶし、余分な粉をはたく。
④ フライパンにオリーブオイルを熱して③の両面をしっかりと焼く。
⑤ 火が通ったらまぜ合わせたたれを加え、強めの中火で絡めながら焼く。
⑥ 器に盛り、スライスしたふわもちベーグル、リーフミックス、チキンコンソメスープを添える。

チキンコンソメスープ

● **材料** | 2人分

熱湯 … 240㎖
チキンコンソメ … 小さじ1
レモンスライス … 1枚
チャービル（生）… 適量

● **作り方**

湯にチキンコンソメ、半分に切ったレモン、チャービルを入れてまぜる。

Warita's POINT

ふわもちベーグルはきび糖と発酵バターが入った甘めのパン。お肉とは相性がよく、照り焼きのたれとパンの甘みがおいしくマッチします。

パンのおとも

茶パン蒸し
with バゲット

**茶わん蒸しにバゲットをひたして
オニオングラタン風に!**

● **材料** | 1人分
茶わん蒸し（市販品）… 1個
バゲット … 適量

● **作り方**
① バゲットは5mm程度の薄切りにしてから半分に
　切る。
② 茶わん蒸しに埋め込み、電子レンジであたため
　る（加熱時間は市販品に記載されたものを参
　考に）。

> **Warita's POINT**
> 熱々の茶わん蒸しのだしを吸ったバゲットはトロト
> 口でおいしいです。

キムチ
with パリパリチーズパン

**キムチとチーズの名コンビが
パンで実現しました!**

● **材料** | 1人分
白菜キムチ … 大さじ2
韓国のり … 適量
ごま油 … 少々
パリパリチーズパン … 1個

● **作り方**
① パリパリチーズパンにごま油を薄く塗り、軽く
　トーストする。
② キムチをのせ、手でもんだのりを振る。

> **Warita's POINT**
> キムチとチーズは相性よし。 キムチのすっぱさを
> チーズが中和してくれます。

時間のないときのもう1品として、
すぐに食べられるできあいの総菜や、珍味を買うことは多いですね。
冷蔵庫に常にある、いつもの味をパンと組み合わせ、
ちょいとアレンジした珍レシピ、題して"パンのおとも"です。

ほうれんそうのごまあえ
with スパイシーナッツスコーン

やさしい甘さのごまあえと
スパイシーなスコーンを合わせました。

● **材料**｜1人分
ほうれんそうのごまあえ（市販品）… 適量
スパイシーナッツスコーン … 1個

● **作り方**
スパイシーナッツスコーンを半分に割って器に盛り、ほうれんそうのごまあえを添える。

Warita's POINT
ナッツとごまは相性がいいです。スコーンにごまあえをのせて食べてください。

塩辛ポテサラ
with 明太子フランス

明太子パンがお好きな方は、
ぜひ試してみてください。

● **材料**｜2人分
いかの塩辛（市販品）… 大さじ2
ポテトサラダ（市販品）… 大さじ2
明太子フランス … 2個

● **作り方**
明太子フランスの切れ込みに、いかの塩辛とポテトサラダを詰める。

Warita's POINT
明太子と塩辛は海のもの同士なので相性よし。どちらも塩分が強いのでポテトサラダでマイルドにしました。

ひじきの煮物

with **クー（白パン）**

**クーを煮物にあえて、
ボリュームもアップ！**

● **材料**│1人分
ひじきの煮物（市販品）… 適量
クー（白パン）… 1個

● **作り方**
① クーは、小さめの一口大に切る。
② ひじきの煮物に①をまぜ合わせる。

> **Warita's POINT**
> ひじきだけだと食べない子どもでも、パンをあえ
> ることでパクパク食べてくれますよ。

たらこじゃがバタ

with **リュスティック**

**たらことじゃがいもがあったら、
ぜひ作ってみてください！**

● **材料**│1人分
たらこ（焼く）… 1/2腹 　塩 … 適量
じゃがいも … 1個 　チャービル（生）… 2枚
バター … 20g 　リュスティック（厚さ2cm
　　　　　　　　　にスライス）… 2枚

● **作り方**
① じゃがいもは一口大に切り、耐熱容器に入れ
　てラップをかけ、レンジ（600W）で3分ほど
　加熱する。
② 熱いうちにバターと塩を加えてつぶす。
③ リュスティックに②とほぐしたたらこをのせ、
　チャービルを飾る。

> **Warita's POINT**
> たらこ＋じゃがいも＋バターはおいしさの黄金トリ
> オです！

れんこんのきんぴら

with バゲット

**れんこんのシャキシャキ感と
バゲットのサクサク感が楽しいです。**

● **材料** | 1人分
れんこんのきんぴら（市販品）… 適量
粉唐辛子（あらびき）… 少々
バゲット … 5cm程度

● **作り方**
① バゲットは薄くスライスして、オーブントース
　 ターでパリッと焼く。
② れんこんのきんぴらをのせ、唐辛子を振る。

▶ **Warita's POINT**
れんこんとバゲットは両方とも"穴"が特徴。そ
のせいか、一緒に食べたときの食感がすごく合う
んです。

しば漬け

with ベーコンパン

**ベーコンパンにしば漬けの
さわやかな酸味をプラスしました。**

● **材料** | 2人分
しば漬け … 適量　　　　かつお節 … 適量
いり白ごま … 適量　　　ベーコンパン … 1個

● **作り方**
① しば漬けは水けをギュッとしぼってあらみじん
　 に切り、ごまとかつお節をまぜ合わせる。
② ベーコンパンはアルミホイルで包み、オーブン
　 トースター（600W）で8分ほど焼いてから4
　 等分に切り、①をのせる。

▶ **Warita's POINT**
パンにはピクルスが合います。和製ピクルスとも
いえるしば漬けに、ごまやかつお節を加えて風味
を増しました。

PART 2

思うままに
サンドイッチ

パンの食べ方のなかでもポピュラーなサンドイッチ。

でも、いつも具が同じになってしまう、

具の新しいアイデアが欲しいという人は多いのでは?

レシピを難しく考える必要はありません。

たとえば、いつもごはんにのせている具をサンドにしてみたり、

サンドイッチの具は一緒でもパンのほうをかえてみたり。

ソースやジャムにこだわってみたり。

パンは思いがけない出合いもおいしく受け止めてくれます。

お肉、お魚、野菜、

いろいろな具を思うままにパンに合わせて楽しんでください。

パンの開き with サワー・ドゥ・ブレッド

いろんな具を自由にトッピングする、名づけて"パンの開き"。
ペアになる具をサンドにして食べます。

● **材料** | 2人分

トッピング（Ⓐ〜Ⓛ）… 各適量
サワー・ドゥ・ブレッド（スライス）… 2枚

● **トッピング** | すべて適量

Ⓐ ささがきごぼう、しそ
　⇒ ごぼうはささがきにして、塩を入れた湯でゆでる。

Ⓑ にんじん、大根、セロリ
　⇒ それぞれを拍子木切りにする。

Ⓒ ツナパクチー
　⇒ ツナ缶（1缶約80g）と刻んだパクチー（1株約50g）に、
　　レモン汁（小さじ1）、ナンプラー（小さじ1）をまぜ合わせる。

Ⓓ いちご、ミニトマト、ブルーベリージャム
　⇒ いちごは半分に切る。

Ⓔ キャラメルシロップ（市販品）、バナナ（スライス）

Ⓕ マカダミアナッツ（素焼き）、ヌテラ（市販品）

Ⓖ オレンジマーマレード（市販品）

Ⓗ セミドライいちじく、フロマージュブラン（市販品）

Ⓘ ラディッシュ、れんこん、ズッキーニ（緑・黄）
　⇒ それぞれを輪切りにし、バターで軽く炒め、塩少々を振る。

Ⓙ ミモレット、コンテ

Ⓚ 生ハム、クリームチーズ

Ⓛ 紫キャベツ
　⇒ 紫キャベツはせん切りにし、酢、はちみつ、粒マスタードであえる。

● **作り方**

① サワー・ドゥ・ブレッドは1枚を6つに切る。
② Ⓐ〜Ⓛまでの具を図のとおりにトッピングする。

A	C	D	B
E	G	H	F
I	K	L	J

Warita's POINT

パンの開き（オープンサンド）にすると、具を見て楽しめます。そこでパンを前菜の皿のように、いろいろな具でトッピングしました。具はペア同士をサンドにしたり、一つだけをつまんでも。
※ペア＝Ⓐ&Ⓑ、Ⓒ&Ⓓ、Ⓔ&Ⓕ、Ⓖ&Ⓗ、Ⓘ&Ⓙ、Ⓚ&Ⓛ

しらすレモンオリーブ with パン・ド・ミ

しらす干しを、さわやかなレモンオリーブオイルで。
しらすが旬になる春から夏におすすめです。

● **材料** | 1人分
しらす干し … 50g
ディル（生）… 適量
レモンオリーブオイル … 適量
パン・ド・ミ（8枚切り）… 1枚

● **作り方**
① パン・ド・ミは軽くトーストしてから、
　 三角形に切り、オリーブオイルを塗る。
② しらすとディルをのせる。

Warita's POINT

しらすやたらこといった海産品は塩け
やうまみがあってパンとよく合います。
レモンオリーブオイルがないときは、
オリーブオイル+レモン果汁を少々で。

まぐろのポキのせパン with バゲット

まぐろの赤身をポキにしてバゲットにのせました。
ミモレットチーズが華やかです。

● **材料** | 1人分

まぐろ赤身 (刺し身用)
　　… 1さく (100g)
アボカド … 1/2個
しょうゆ … 大さじ1
玉ねぎ … 1/8個
塩 … 少々
マヨネーズ … 大さじ1
レモン汁 … 小さじ1/2
オリーブオイル … 適量
ミモレット … 適量
バゲット … 適量

● **作り方**

① まぐろは1cm角に切り、しょうゆを絡めて10分ほどおく。

② アボカドは皮をむいてスライスする。

③ 玉ねぎはみじん切りにし、水にさらして辛みをとり、キッチンペーパーで包んで水けをしっかりとしぼる。

④ ボウルに①と③を入れ、塩、マヨネーズ、レモン汁を加えて全体をあえ、まぐろのポキを作る。

⑤ バゲットは横半分に切ってオリーブオイルを薄く塗る。

⑥ ⑤にアボカド、④の順にのせ、ミモレットチーズを削って振る。

Warita's POINT

ポキはハワイのロコフード。 ごはんにのせてポキ丼で食べることが多いですが、サンドイッチの具としてもとてもおいしいです。

だし巻き卵サンド with パン・ド・ミ

"西京バター"が決め手のだし巻き卵サンドは、
ふわっとバニラが香るやさしい味です。

● 材料 | 2人分

卵 … 4個

サラダ油 … 適量

Ⓐ
- だし … 大さじ3
- しょうゆ … 小さじ2
- みりん … 大さじ2
- マヨネーズ … 大さじ1

● 西京バター
- 西京味噌（または白味噌）… 20g
- バター（食塩不使用）… 20g
- バニラビーンズ … 1/2さや分

パン・ド・ミ（厚切り）… 2枚

● 作り方

① ボウルに卵を割りほぐし、Ⓐを加えてよくまぜ合わせる。

② 卵焼き器（またはフライパン）を熱してサラダ油を薄くなじませ、①を1/4程度流し入れる。

③ 半熟になったら、奥から手前に巻いて奥に寄せ、再びサラダ油を少量なじませ、卵液を流し入れる。これをくり返して形よく焼く。

④ 味噌とバターを室温にもどしてよくまぜ、さやからとりだしたバニラビーンズを加えてまぜ合わせ、西京バターを作る。

⑤ パン・ド・ミの内側に西京バターを薄く塗り、だし巻き卵をはさみ、食べやすい大きさに切る。

Warita's POINT

バニラビーンズが香る西京バターは、フォアグラにも似た風味で、いつものだし巻き卵サンドをアップグレードしてくれます。

焼きそばパン with ハードトースト

ソフトなロールパンが定番の焼きそばパンを、
ハードトーストでカリッとした食感にしました。

● **材料** | 1人分

焼きそば用蒸しめん … 1食分

キャベツ … 2枚

青のり … 大さじ1

サラダ油 … 適量

とんかつソース … 大さじ1と1/2

塩、こしょう … 各少々

紅しょうが … 適量

● **マスタードマヨ**

　フレンチマスタード … 10g

　マヨネーズ … 30g

ハードトースト（厚切り） … 2枚

● **作り方**

① キャベツはせん切りにする。

② フライパンにサラダ油を熱し、①を入れ
て炒める。しんなりしたらめん、ソースを
加えて炒め、塩、こしょうして、青のりを
振る。

③ マスタードマヨの材料をよくまぜる。

④ ハードトーストに③を塗り、②をはさむ。
半分に切って器に盛り、紅しょうがを添
える。

Warita's POINT

ハードトーストは、バゲットの生地を使った食
パンです。紅しょうがをつまみながら、マス
タードマヨをきかせたいつもと違うテイストの
焼きそばパンを楽しんでください。

焼き野菜のタルティーヌ
with サワー・ドゥ・ブレッド

タルティーヌとはオープンサンドのこと。
グリル野菜を彩りよくのせてください。

● **材料** | 2人分
なす … 1/2個
ズッキーニ（緑・黄）… 各3cm
パプリカ（赤・オレンジ）… 各1/6個
ミニトマト（赤・オレンジ・緑）… 各1〜2個
玉ねぎジャム … 適量
オリーブオイル … 適量
塩 … 少々
サワー・ドゥ・ブレッド（スライス）… 2枚

● **作り方**
① なす、ズッキーニは輪切りに、パプリカ
は縦に細く切る。
② フライパンにオリーブオイルを熱して①を
焼く（網で焼いてもOK）。
③ サワー・ドゥ・ブレッドは軽くトーストして、
玉ねぎジャムを塗る。
④ ②、半分に切ったミニトマトをのせ、塩を
振る。

玉ねぎジャム

● **材料** | 作りやすい分量
玉ねぎ（薄切り）… 150g
きび糖 … 100g
レモン汁 … 10g

● **作り方**
① 鍋に玉ねぎときび糖、レモン汁を入れて
30分ほどおく。
② 火にかけ、煮立ったらアクをとりながらト
ロトロになるまでときどきまぜながら煮て
（果物のジャムと同じようなとろみ具合
に）、火を止める。
③ あら熱がとれたらフードプロセッサーにか
ける。

> **Warita's POINT**
> タルティーヌの定番のパンといえば、サワー・ドゥ・ブレッド（カンパーニュ）。野菜のジューシーで自然
> な甘みと酸味が効いた香ばしいパンの相性は抜群です。ほろ苦い玉ねぎジャムも味の決め手です。

パンの納豆巻き with 全粒粉のカンパーニュ

全粒粉のカンパーニュの穴からのぞくひきわり納豆!?
でもこれが合うんです。

● **材料** | 1人分

ひきわり納豆 … 1パック

かいわれ菜 … 適量

菜種油 … 適量

塩 … 少々

全粒粉のカンパーニュ（薄めのスライス）
　… 適量

● **作り方**

① 納豆に塩を加えてまぜる。

② 全粒粉のカンパーニュに菜種油を塗り、
　かいわれ、①の順でのせ、くるっと巻い
　て食べる。

> **Warita's POINT**
>
> 表皮と胚芽からくる風味が香ばしい全粒粉の
> カンパーニュ。穀物と相性のいい納豆とは
> 合わないわけがありません。納豆はパンによ
> り合うよう塩で味つけしています。

牛丼の具のパンのせ with サワー・ドゥ・ブレッド

牛丼を軽めの感じで食べたいとき、パンにのせてみてはいかが？
炒り卵をトッピングしてカラフルに。

● **材料** | 2人分

牛切り落とし肉 … 250g

玉ねぎ … 1/2個

しょうが … 1かけ

卵 … 1個

塩 … ひとつまみ

オリーブオイル … 適量

紅しょうが … 大さじ1

一味唐辛子 … 少々

Ⓐ
- 水 … 1カップ
- 砂糖 … 大さじ3
- しょうゆ … 大さじ4
- 酒 … 1/4カップ
- みりん … 1/4カップ

サワー・ドゥ・ブレッド（スライス）… 2枚

● **作り方**

① 玉ねぎは薄切りに、しょうがはみじん切りにする。

② 鍋に①とⒶを入れて火にかけ、ふつふつとしてきたら牛肉を加える。

③ 肉の色が変わってきたらアクをとり、弱めの中火にする。

④ 汁けが煮詰まり、煮汁がほとんどなくなったら火を止める。

⑤ ボウルに卵を割り、塩を加えてまぜ合わせる。

⑥ フライパンにオリーブオイルを熱し、⑤を入れ手早くかきまぜ、半熟状態でとりだす。

⑦ パンの上に④と⑥をのせ、一味唐辛子を振り、あらみじんに切った紅しょうがを散らす。

Warita's POINT

酸味の効いたサワー・ドゥ・ブレッドと牛肉はとても相性がよく、紅しょうがもピクルス感覚で楽しめます。やわらかく煮込んだ牛丼の具をたっぷりのせてほおばってください。

2色のホットドッグ with ドッグパン

ビーバーブレッドの姉妹カフェ「ブーケ」の人気メニュー。
野菜たっぷりのホットドッグのアレンジレシピです。

ソーセージと紫キャベツの
ホットドック

● **材料** | 1人分
ソーセージ（燻製していないもの）… 1本
紫キャベツ（せん切り）… 適量
粒マスタード … 少々
マスタードドレッシング … 適量
国産レモンの皮（すりおろし）… 少々
ドッグパン … 1/2個

● **作り方**
① ドッグパンに縦に切り込みを入れる。
② 紫キャベツに粒マスタードをあえる。
③ ①にゆでたソーセージをはさみ、②を
　のせる。
④ マスタードドレッシングをかけ、レモン
　を振る。

【マスタードドレッシング】

● **材料** | 作りやすい分量
マスタード … 大さじ1
砂糖 … 小さじ2
塩 … 小さじ2/3
酢、オリーブオイル … 各大さじ4
こしょう … 少々

● **作り方**
① ボウルにマスタード、砂糖、塩、酢を
　入れ、泡立て器でまぜる。
② オリーブオイルを少しずつ加えながら白
　濁するまでよくまぜ、こしょうを加えて
　さっとまぜる。

チリビーンズの
ホットドッグ

● **材料** | 1人分
チリビーンズ（缶）… 適量
ベビーリーフ … 適量
チャービル（生）… 適量
国産レモンの皮（すりおろし）… 少々
ドッグパン … 1/2個

● **作り方**
① ドッグパンに縦に切り込みを入れる。
② チリビーンズをはさみ、ベビーリーフと
　チャービルをのせ、レモンを振る。

> **Warita's POINT**
> 一般的なホットドッグパンはやわらかいも
> のが多いです。でも、ビーバーブレッド
> のドッグパンは少し噛みごたえがあります。
> ホットドッグもパンをかえるだけでいつもと
> 違うおいしさになりますよ。

あんことマスカルポーネのサンド

with __クロワッサン__

あんことマスカルポーネのまろやかさ、
クロワッサンのサクサク感がたまりません。

● **材料** | 1人分

粒あん（市販品）… 30g
マスカルポーネ … 10g
コーヒー豆（細びき）… 1～2粒
クロワッサン … 1個

● **作り方**

① クロワッサンに切り込みを入れて、マスカ
　ルポーネを塗る。

② 粒あんをはさむ。

③ コーヒー豆を振る。

Warita's POINT

クロワッサンにはバターがたっぷり使われて
います。あんことバター、あんことチーズは
とっても相性がいい。はさむだけなので簡単
にできておなかも満足するおやつです。

フルーツカスタードパン with バゲット

心が華やぐような一皿。
季節のフルーツを思い思いにのせて楽しんでください。

● **材料** | 1人分

いちご … 4個

きんかん … 2個

ブルーベリー … 6粒

ラズベリー … 6粒

カスタードクリーム … 適量

バゲット … 1/4本（1本を縦半分に
　　切り、横半分に切ったもの）

● **作り方**

① いちごは半分に切る。 きんかん
　　は輪切りにする。

② バゲットは切り口にカスタードク
　　リームをのせる。

③ フルーツを盛りつける。

カスタードクリーム

● **材料** | 作りやすい分量

卵黄 … 2個

牛乳 … 200㎖

きび糖 … 30g

薄力粉 … 20g

バニラエッセンス … 5〜10滴

● **作り方**

① 小鍋に卵黄きび糖を入れてよくまぜる。

② 薄力粉を茶こしでふるいながら加えて、よくまぜる。

③ 牛乳を鍋に入れて沸騰直前まで温める。

④ ②に③を少しずつ加えまぜたら火にかける。

⑤ かきまぜながら、ふつふつとしたら弱火にして、ク
　　リーム状になるまで1分ほどかきまぜる。

⑥ 大きなボウルに氷水を入れ、⑤の小鍋の底をつけて
　　冷やす。

⑦ 冷えたらバニラエッセンスを加えてまぜる。

> **Warita's POINT**
>
> ふんわり甘いカスタードクリームの
> 上に、いろいろなフルーツを自由に
> トッピング。 作る楽しさも味わえま
> す。 食事でもスイーツでもしっくり
> くるのがバゲットのいいところ。

KENICHI WARITA × NAHOKO MINAKUCHI

パン職人＆フードコーディネーターの

パパパパン対談

本業のパン店以外にも、レストランや企業からの依頼を受けて
"オーダーメイドのパン作り"をしている割田健一さん。
かたや食品メーカーのレシピ制作やイベントなどの
フードコーディネートを手がけるみなくちなほこさん。
本書の著者とフードコーディネーターであり、仕事仲間でもある二人が、
本書のテーマ、"パンと料理のおいしい組み合わせ"について大いに語ります！

パンのことなら割田に聞けばなんとかなる

みなくち　以前、アメリカのソーセージブランドの仕事で、ホットドッグを作ることになったんです。ミート感がしっかりあるソーセージなので、日本のホットドッグパンでは負けちゃう。なかなかイメージに合うパンがなく、焼いてくれる人もいなくて困っていたとき、割田さんに言ったら、「それならミルクフランスのパンだね」って。

割田　もちろん、ちょっとしたアレンジは必要だったけれど、すぐに思いつきました。りんごバターに合わせるパンを探していたときもあったね。

みなくち　そうそう。そのときも即答で「クロワッサンしかないよ」って。確かに合わせるとすごくおいしいの。味だけでなく、サイズにも対応してもらっています。たとえば、ケータリング用にふた口で食べられるサイズのパンを焼いてほしいとか（笑）。パンのことなら聞くとすぐに答えを返してくれるところは痛快！

割田　逆もあるよね。みなくちさんはスタイリングもするから、虎ノ門店のオープンのときは、パンの陳列皿をそろえていただきました。

みなくち　それが、「直径38cmのバゲットスタンドを木彫りで」とか、「真ちゅうのフラットな大皿をこのサイズで」とか（笑）。知人の木工職人や金細工師を総動員しました。

割田　やはり作家さんの作品があると店がしまるんです。店の内装もそうだけど、パンも同じで自分のパンはこれだって一人の思いだけで作るのではなく、いろいろな人の意見だったり、好みだったりをとり入れるのは大切。

みなくち　割田さんは、もちろん自分が作りたいパンではあるけど、食べ方や料理に合わせたり、常にプラスアルファの要素をイメージしていますよね。

割田　パン作りをして28年になりますが、最初に勤めた店がレストラン卸をしていたので、ただおいしいパンを作って売るだけではだめでした。次にフレンチに移ったときは、シェフに日々、「ヨーグルトとサーモンで料理作るけど、パンは何がいい？」とか「牛肉に合わせるならどんなパン粉がいい？」なんて聞かれる。そこで、スパッと答えなくちゃいけないから、日々訓練でした。

みなくち　どんなふうに答えてい

たんですか?

割田　「サーモンだったら米粉を20％くらい入れたら合うはずです」とか、「牛肉なら牧草っぽい香りのするハーブを生地にブレンドしたパンを焼いて、それをパン粉にしましょうか」とか。自分の中に、引き出しがないと答えられない。だから仕事からだけでなく、日々の出来事や出合ったものを無意識にパンのアイデアに結びつける習慣ができてしまいました。

みなくち　割田さんの引き出しはすごい。いまでも星つきのレストランからもたくさんお声がかかっているけど、「パンのことなら割田に聞けばなんとかなる」って思っている人は多いはず。

パンと料理を組み合わせる法則を活用して!

割田　僕の原点といえますが、見習いの頃、まかないで出されたノアレザン(くるみとレーズンのパン)に発酵バターを塗って食べたときの衝撃が忘れられないんです。あまりのおいしさに震えたほど。つまり、パンってパンだけ食べるのではなく合わせる何かが必ずあるでしょう。コーヒーや紅茶、ジャムやペースト、料理だったり、誰とどこで食べるといった状況だったり…。だから常にいろいろなことをイメージしてパン作りをしています。セレアル(雑穀パン)を作っているときも頭には鮭が浮かんでたり(笑)。鮭に塩分があるから塩は少なめでいいかなとか。

みなくち　この本では、パンと料理の新しい組み合わせを提案したわけだけど、驚いた組み合わせがいっぱいありました。たとえば塩だれ焼き肉にメロンパンは衝撃。

割田　僕にとってはメロンパン＝肉。経験値で前から合うことを知っていただけなんです。それに

焼き肉屋さんに何人かで行って、パンを食べるとしたらやっぱ楽しいのはメロンパンかなとか。

みなくち　私にとってはすごい発見でした。あと、西京味噌＋バター＋バニラビーンズでフォアグラ風になるとか。ほうれんそうのごまあえとスパイシーナッツスコーンの組み合わせも誰も思いつかない気がします。

割田　以前、イベントのときに、カンパーニュに西京味噌とバニラをねり込んだことがあって、ワインとすごく合って、その記憶が残ってたんです。スパイシーナッツスコーンとごまあえはナッツとごまという共通項があるから絶対に合うんですよ。

みなくち　そういうふうに、共通の材料や調味料を使っていることはパンと料理の組み合わせにおける法則の一つですよね。

割田　共通したものがない場合でも、パンと料理のどちらにも合う、間をとりもってくれる食材を使う手もあり。パンといくらの間にクリームチーズをはさんであげるとか。

みなくち　食材の選び方もありましたね。しょうが焼きも厚めの肉じゃなくて薄切り肉を使ったほうがパンにのせやすいし、食べやすくなりました。また、パンにのせるときは水っぽいものを避けたほ

うがいいですね。たとえばしば漬けの水けはしっかりきるとか。

割田　家庭でパンと料理を合わせるときは、ぜひこの本にあるような法則を活用していただきたいですね。

みなくち　ところで、この本ってパン・ド・ミとカンパーニュ(サワー・ドゥ・ブレッド)の登場が多いですよね。私、ビーバーブレッドのパン・ド・ミが大好きなんですよ。

割田　その二つはお客さんも、今日はどっちを買おうかって迷われることが多いです。食事パンの代表だから。

みなくち　じゃあ、迷ったらパン・ド・ミかカンパーニュを買えばいいですね。

割田　あとはバゲットも合わせやすいです。この三つをローテーションしてときどき、ハードトーストとかリュスティックをはさむといいのでは。

みなくち　上級者になったら、食事でもスパイシーナッツスコーンとか(笑)。

割田　パンは奥が深いですよね。だから、まだまだ伝えたいことはいっぱいあります。噂ではこの本、続編もあるとかないとか…。

みなくち　えっ、パパパの次なら、ラララですね!

みなくちなほこ／フードコーディネーター、キッチンボタン主宰

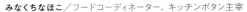

パンで乾杯!

PART 3

お酒の

つまみパン

ヨーロッパでは古くからパンとワインが親しまれてきたように、

パンとお酒は切っても切れない間柄といえますね。

食事パンだけでなく、総菜パン、甘いパンなどを含めると、

最近はバラエティも豊富。

そのまますぐに食べられるパンは、

スピーディかつおいしいおつまみといえるのです。

いろいろなお酒に合わせるおつまみとしての

パンの魅力にせまります。

ベルギー レッドビール

×

ソシソン、シナモンロール

フルーティな甘みのあるビールには
リベイクした辛いソシソンと甘いシナモンロールで。

パンのプチアレンジレシピ

トマトのせソシソン

● **作り方**
ミニトマトを薄くスライスして、ソシソン（ソーセージパン）にのせる。

Warita's POINT

フルーティな甘めのビールだったら、甘いパンも辛いパンもぴったり。甘いパンはただ甘いだけでなくシナモンが香るシナモンロールが大人好み。辛×甘の味わいが女子飲みにもおすすめです。

白ワイン

×

<u>オリーブパン</u>

ほどよい酸味とほのかな苦み、さわやかなシャルドネと
オリーブパンの幸福な組み合わせ。

パンのプチアレンジレシピ

オリーブパンの
ピンチョス風

● **作り方**
① オリーブパンは、一口サイ
　ズに切る。
② モッツァレラとアンチョビ
　をのせ、ピンチョスピック
　を刺してとめる。

Warita's POINT

白ワインとオリーブは王道の組み合
わせ。オリーブパンに、モッツァレラ
チーズとアンチョビの塩けやうまみを
プラスすることで、まろやかですがパ
ンチが効いたおつまみになります。

凝縮した果実味のあるスパイシーな赤ワインには、
リベイクしたカレーパンを。

×

カレーパン

パンのプチアレンジレシピ

ホットカレーパン

● **作り方**

① カレーパンをアルミホイルで包み、
オーブントースター（600W）で8
分ほど焼く。

② 器にのせて、小さく切ったナチュラル
チーズを添える。

Warita's POINT

ビーバーブレッドのカレーパンの具は、牛す
じの赤ワイン煮込みカレーなので、赤ワイン
に合います。カレーパンはリベイクすることで、
サクサク感が増し、カレーのスパイシーさも
きわ立ってきます。まろやかなナチュラルチー
ズを添えれば、満足度の高いつまみパンに。

61

白ワイン

×

フーガス

すっきりさわやかな辛口のリースリングには、
ハムをのせたフーガスがぴったり。

厚切りハムのせ
フーガス

● 作り方

フーガスを一口大に切る。同じく一口大に切ったロースハムをのせる。

Warita's POINT

カリカリになったグリュイエールチーズと、もっちりとした生地の歯ごたえが楽しめるフーガス。スパイシーにクミンも香り、それだけでも辛口白ワインにぴったりですが、厚切りハムを加えて、ボリューム感のあるおつまみにしました。厚切りハムはランダムな形に切ったほうがおいしいです。

キッチンにあるパンを見つくろって軽くトースト。
ツナパクチーのあえ物を添えました。

×

山食パン、クー チーズ、
サワー・ドゥ・ブレッド

パンのプチアレンジレシピ

パン3種とツナパクチー

● 作り方

① パン3種（山食パン、クー チー
　ズ、サワー・ドゥ・ブレッド）はス
　ライスして、軽くトーストする。

② ツナ缶（1缶 約80ｇ）と刻んだ
　パクチー（1株約50ｇ）に、レ
　モン汁（小さじ1）、ナンプラー
　（小さじ1）をまぜ合わせてツ
　ナパクチーを作り、添える。

Warita's POINT

ビールって飲みたいと思ったときがおいし
いとき。そんなとき、スピーディにおつま
みになるパンはもってこいです。家にあ
るパンを軽くトーストして盛り合わせるだ
け。まさにポテチ感覚で、すぐだせるお
つまみになります。

くるみパンの
唐辛子オイル

くるみパンにピリ辛の唐辛子オイルをプラス。
キリッとしたレモンサワーに合うアレンジです。

● 作り方

オリーブオイル（50㎖）に赤
唐辛子（1本）、つぶしたにん
にく（1かけ）を入れて一晩
おく。くるみパンをちぎって、
オイルをつけて食べる。

Warita's POINT

くるみのほのかな苦み、赤唐辛子
のピリッとした辛み、オリーブオイ
ルの青くさい渋み。これらをほん
のり甘いパン生地が受け止める形
になって、キリッと辛口のレモンサ
ワーと相性よし。

レモンサワー

×

くるみパン

カベルネ・ソーヴィニヨンのほのかな渋みと、
クー レーズンの酸味のある甘さがマッチ。

クー レーズンの
レーズンバターのせ

● 作り方
① クー レーズンは薄めにス
　ライスする。
② レーズンバター（市販品）
　をのせる。

Warita's POINT

クー レーズンのレーズンバターのせ
で、レーズンの酸味、バターの濃厚
さを増し増しにしました。赤ワイン
ならではの果実味やタンニンの渋み
と実によく合います。甘み、酸味、
渋み、いろいろな味が口の中で交差
し、ワインが倍、おいしく感じます。

赤ワイン

×

クー レーズン

サワー・ドゥ・ブレッドの
いくらクリームチーズのせ

● 作り方

スライスしたサワー・ドゥ・ブレッド
にクリームチーズを塗り、いくらを
のせ、オレンジの皮のすりおろし
を振る。

Warita's POINT

ウイスキーといくらは合わないのでは?と思
いがちですが、ウイスキーと相性がいいク
リームチーズをパンにたっぷり塗ることで、
いくらとも合い、特別感のあるおいしいお
つまみになります。オレンジの皮もウイス
キーに合わせるフレーバーとなっています。

ちょっと高級なウイスキーをロックで楽しむ、
そんなときのとっておきのつまみパン。

ウイスキーロック

×

サワー・ドゥ・ブレッド

日本酒とパン・ド・ミの間をつなげてくれる塩の存在。
升酒感覚で楽しみましょう。

パン・ド・ミの菜種油リベイク

● 作り方
① パン・ド・ミ（8枚切り）の片面に刷毛で菜種油を塗り、フライパンで焼く。
② 器に盛り、粒塩（粒の大きな塩）を添える。

Warita's POINT

昔から日本酒と塩は相性抜群で、通は塩をなめながらちびちびと日本酒を楽しみました。塩とパンも相性がいいので、菜種油を塗ってパン・ド・ミを軽く焼き、塩を介して、お酒もパンも楽しめるスタイルにしました。

日本酒

×

パン・ド・ミ

ハイボール

×

パン・ド・ミ

ペーストを塗るだけの簡単2種つまみパン。
どちらも濃厚な味わいでハイボールがすすみます。

かに味噌バターパン、ピーナッツチリペーストパン

● 作り方

① パン・ド・ミ（6枚切り）は軽くトーストしてから、スティック状に4等分に切る。

② かに味噌（20g）と室温にもどしたバター（20g）、レモン汁（15mℓ）をまぜ合わせてパンに塗り、国産レモンの皮のすりおろしを振り、かに味噌バターパンを作る。

③ ピーナッツペーストにカイエンヌペッパーをまぜてパンに塗り、あら塩を振って、ピーナッツチリペーストパンを作る。

Warita's POINT

さっぱりとしたハイボールは濃厚な味のおつまみとよく合います。独特のコクがあって濃厚なかに味噌バターペーストとピーナッツチリペーストをパンに塗り、さっぱり、こってりのベストバランスを楽しんで。

蕎麦味噌が味わいの中心となり、
焼酎ロックとパン・ド・ミをつなげてくれます。

×

パン・ド・ミ

パンのプチアレンジレシピ

パン・ド・ミの
蕎麦味噌チーズのせ

● 作り方
① パン・ド・ミ（4枚切り）を
　軽くトーストして、4等分
　に切る。
② 蕎麦味噌とモッツァレラを
　のせる。

Warita's POINT

焼酎と味噌、味噌とチーズ、チー
ズとパン。お酒からスタートして相
性のいい食材たちを連鎖させると
おいしいおつまみのでき上がり。

厚さを切り分けてひろがる!
食パンの楽しみ方

食パン（パン・ド・ミ）はパンの厚さを切り分けることで、
いろいろな調理法が楽しめます。カットずみのパンも便利ですが、
ぜひブロックのパンを切り分けて、厚さごとのおいしさを楽しんでください。
厚切り（約3cm）、ふつう切り（約2cm）、薄切り（約1.2cm）の
3つのサイズに合った楽しみ方を紹介します。

厚切り（約3cm）

ふつう切り（約2cm）

薄切り（約1.2cm）

ブロックパンを切ってみよう! 　上手な切り方

❶ 上側の切りたい位置に刃を合わせる。

❷ 印になる「カット線」を入れる。

❸ 90度回転させ、側面の位置に刃を合わせる。

❹ 同様に「カット線」を入れる。

❺ 位置を戻し❷と❹のカット線に合わせて切る。

Warita's POINT

パン切りナイフはパンより長い刃渡りのものを使いましょう。また、パンは焼き上がり後、半日くらいおくとよく切れます。

厚切り（約3cm）／4枚切り

パン本来の味わいを堪能できるのが厚切り。
ぜひトーストにして厚切りならではのおいしさを楽しんで。

スキレットで厚切りトースト

厚切りトーストのおすすめは、スキレットや網で焼くこと。 焼く時間も短くてすみます。

● **材料** | 1人分

パン・ド・ミ（厚切り）… 1枚
オリーブオイル … 適量

● **作り方**

① パンの片面に刷毛でオリーブオイルを塗る
（写真ⓐ）。

② スキレット（鉄のフライパン）を火にかけ、
オイルを塗ったほうの面を先に焼く。

③ こんがりと焼けたら上下を返して軽く焼く
（写真ⓑ）。 好みで塩を振って食べる。

〔 Warita's POINT 〕

トースターよりもスキレットで焼くほうがパンに水分が残り、表
面はカリッと中はふんわり仕上がります。 油は刷毛で薄く均一
に塗るのがコツです。

ふつう切り（約2cm）／6枚切り

調理パンに最も適した厚さ。調理された具材と
パンの両方のおいしさをしっかり味わえます。

クロックムッシュ

こんがりチーズとやさしいホワイトソース、ハムとパンのハーモニーがたまりません。

● **材料** ｜ 1人分
パン・ド・ミ（ふつう切り）… 2枚
ホワイトソース（缶）… 適量
シュレッドチーズ … 50g
ロースハム … 2枚

● **作り方**
① パン・ド・ミはそれぞれ片面にホワイトソース
を塗る。
② 1枚にロースハムを2枚のせ、中央にシュ
レッドチーズをひとつまみのせる（糊の役目）
（写真ⓐ）。
③ もう1枚のパンを重ねて残りのシュレッド
チーズをのせる（写真ⓑ）。
④ オーブントースターでチーズがとけて焼き色
がつくまで焼く。

Warita's POINT

チーズ表面に焼き色をつけるのがおいしさのコツ。シュレッド
チーズをやや中心に寄せておくと、焼いている途中でチーズが
下までたれません。

薄切り（約1.2cm）／10枚切り

具材の味をきわ立たせてくれるのが薄切り。
揚げたり焼いたりしてパンにコシをだし、具材と合わせましょう。

えびのすり身のせ揚げパン

エスニック風のえびのすり身と、カリッと揚げた薄切りパンがあとを引くおいしさです。

● **材料** | 1人分

パン・ド・ミ（薄切り）… 1枚

むきえび … 100g

揚げ油 … 適量

パクチー … 1枝

Ⓐ
┌ 卵白 … 1個分
│ ナンプラー … 小さじ1
│ 片栗粉 … 大さじ1
│ パクチー（みじん切り）… 1枝
└ 一味唐辛子 … 少々

● **作り方**

① えびはフードプロセッサーでペースト状にし、Ⓐをまぜ合わせる。

② パン・ド・ミを三角形になるよう4つに切り、①を塗る（写真ⓐ）。

③ フライパンに多めの油を熱して、②をすり身を下にして揚げ焼きにする。

④ すり身の色が変わったら上下を返して反対側もカラリと焼く（写真ⓑ）。

⑤ 器に盛り、パクチーを添える。

Warita's POINT

薄切りはトーストサンドや揚げパンに合います。トーストして、ペーストやジャムを塗るだけでもおいしいです！

PART 4

カンパーニュ

おうちで簡単
手作りパン

ビーバーブレッドでも人気の

食事パン3種の手作りレシピです。

初心者の方でもおうちで手軽に作れるよう

アレンジしてあるので、

お店のパンとは色や形は少し違いますが、

食感や味わいはかなり近づけています。

どれもおいしいパンですので、ぜひ作っていただき、

いつものおかずやサンドイッチに合わせて楽しんでください。

パン・ド・ミ

クー、クー レーズン

ここで使用した
主な材料、道具、調理機器

パン作り専用の材料や道具をそろえることは、おいしいパン作りの第一歩。
ここで使用した主な材料、道具、調理機器をご紹介します。

材料

● 製パン用小麦粉

● イースト菌

はるゆたかブレンド

「はるゆたか」を50%以上使用。上品なきめの細かさ、口どけのよさに秀でています。

cottaはるゆたかブレンド

全粒粉強力粉

小麦をまるごとひいて製粉した粉。香ばしい風味と歯ごたえのある食感が特徴です。

cotta北海道全粒粉

オペラ

味、香り、扱いやすさのベストバランスを求めて作られた製パン用小麦粉。

cotta北海道産小麦パン用粉 オペラ

セミドライイースト

生イーストとドライイーストの特徴を兼ね備えたパン酵母。冷凍保存することでパン酵母をいつでも最良の状態に保ちます。ソフト系には赤(左)、ハード系には金(右)がおすすめ。

サフ セミドライイースト / cotta提供

● 油脂

発酵バター(食塩不使用)

パン生地を伸びやすくしてくれるだけでなく、パンにコクと風味を加えてくれます。

よつ葉 発酵バター(食塩不使用)
／cotta提供

● その他の調味料

きび糖

さとうきびの風味がするまろやかな味わいが特徴です。

藻塩

海藻由来の塩で、海水と海藻のうまみが凝縮されています。

低温殺菌牛乳

生乳の風味を大切にするため、低温で長時間殺菌しています。

生クリーム

パンをしっとりソフトにしてくれる効果があります。ここでは乳脂肪分40%(動物性)を使用しています。

調理機器

● オーブン

スチームオーブンレンジ

家庭でパン専門店のようなパンを焼くのであれば、発酵機能と焼成時のスチーム調整機能がついたスチームオーブンレンジが不可欠です。

パナソニック スチームオーブンレンジ
ビストロ　NE-UBS10A

cottaオンラインショップ:
https://www.cotta.jp/
商品に関する問い合わせ先
TEL:0570-007-523
※商品の状況によって同じものが入手できない場合もあります。

パナソニック(商品サイト):
https://panasonic.jp/range/products/
ne-ubs10a.html

サンクラフトキッチン(楽天市場):
https://www.rakuten.co.jp/
suncraftkitchen/

● はかる道具

デジタルスケール

パン作りでは材料をレシピどおりに計量することが大切。0.1g単位ではかれるものがベスト。

cotta デジタルスケール 2kg

メジャーカップ

注ぎ口やハンドルがあるものを選ぶと、水や牛乳などの水分をはかったり、注いだりが便利。

ムラノ ポリカーボネイト
メジャーカップ 500cc / cotta提供

デジタル温度計

パン生地の温度を正確にはかるには、表面でなく中心に温度計を差し込みます。

デジタル温度計 料理用スティック温度計
TT-508NWH / cotta提供

● まぜたりこねたりに使う道具

パンこねマット

机に広げるだけでパン生地の作業台に。表面に生地がつきづらいシリコン製を。

cotta パンこねマット

ドレッジ(スケッパー)

パン生地をまぜたりこねたり切ったりと用途が広く、パン作りになくてはならないアイテム。

cotta オリジナル ドレッジ

シリコンヘラ

シリコンは柔軟性があり、ボウルなどの材料をまぜたり、きれいにすくいとったりが容易です。

cotta シリコンヘラ

耐熱ボウル

パン生地をこねるだけでなく一次発酵でも使うボウルは、少し大きめのものを選んで。

234-01 ポリカクックボウル
24cm / cotta提供

● 発酵やクープ入れに使う道具

パンマット

布製なので自在に折って使えて、発酵や乾燥防止など1枚あるととても便利。

パン・ケーキマット(450×500)
／cotta提供

茶こし

専用の粉ふるい器がなくてもパン生地の表面に均一に粉をふるうのに茶こしが活躍します。

サンクラフト 茶こし二重網 AL-55
／cotta提供

クープナイフ

焼成の直前に、パン生地表面に細い切り込みを入れる専用のナイフです。

サンクラフト PP-801クープナイフ

● 焼成、焼き上がったあとに使う道具

パウンドケーキの型

今回は手作りパン(パン・ド・ミ、カンパーニュ)の焼成に使いました。

cotta 基本のパウンド型 17cm

ケーキ・パンクーラー

上下に風が通るクーラーは焼きたてパンの蒸気を上手に逃がすパン作り最後の砦です。

cotta ケーキクーラー(300×400)

パンナイフ

表面は硬く中はしっとりやわらかいパンをつぶさないようきれいに切るパン専用ナイフです。

サンクラフト パン切りナイフ「せせらぎ」
MS-001

初心者のための
パン作りのポイント**10**

さあ、いよいよパン作りの開始! と、その前に
パン作りの工程をよりわかりやすくするために、
知っておきたいポイントをいくつかご紹介します。

POINT **1** パン作りの「基本の流れ」

材料の準備	パン作りの工程は材料をきちんと計量して、そろえることから始まります。
ミキシング	小麦粉、水、塩、イースト菌などの材料をまずしっかりとまぜ合わせます。材料を均一にまぜることが目的です。
生地をこねる	パン生地を折ったり伸ばしたり、たたいたりすることで、生地中のグルテンがしっかり形成され、もっちりふっくらとした食感が生まれます。
一次発酵	最初に行う発酵。イースト菌から発生する炭酸ガスが生地内に閉じ込められることで生地が膨らみます。
分割（丸める）	作るパンの数に合わせてパン生地を均等に切り分ける作業。このとき、生地をまとまりよく丸めます。
ベンチタイム	一次発酵させたパン生地を成形する前に休ませること。これにより生地の伸びがよくなり、成形しやすい状態になります。
成形	目的のパンに合わせてパン生地の形を整え、それだけでなく、生地を折りたたんだり丸めたりして層を作り、さらに大きく膨らむようにします。
二次発酵	成形したパン生地を最終発酵させ、焼成の際に生地が最大限に膨らむようにします。焼き上がりのパンの風味、食感を左右します。
焼成	パンをオーブンで焼くこと。パン生地の温度が下がらないよう、庫内は予熱をしておくこと、生地を入れる際は素早く行うことが大切です。

POINT **2** 材料をきちんと準備

パン作りはスピーディさが命です。最初にレシピどおりに計量した材料をすべて台にだし、もれがないかチェックしましょう。

POINT **3** 温度管理は重要

パンはイースト菌の発酵で作られるいわば生き物。常にイースト菌が発酵しやすいよう生地や室内の温度管理が大切です。パン生地の温度をはかるデジタル温度計も必須アイテムです。

POINT 4 パン生地の乾燥注意

温度と同様、湿度の管理も大切。室温におく際は、パン生地の表面が乾かないようラップやぬれぶきんをかけたり、霧吹きをするといいでしょう。

POINT 5 ミキシングをていねいに

こねてしまえば一緒とばかり、ミキシングを雑に行ってしまいがち。まぜるとこねるは別の作業。ていねいなミキシングはよいパン生地作りにつながります。

POINT 6 基本のこね方

パン生地をこねるときは、生地のはしを両手でつかみ（①）、ふわっと持ち上げて（②）、こね台にたたきつけます（③）。再度、たたきつけた生地の向こうはしをつかみ①、②、③をくり返します。スピーディに行うことがコツです。

POINT 7 型で成形を簡単に

パン作り初心者にとって難しいとされる作業が成形。ここでは、型を使って簡単にしました。メリットは焼き上がりがきれいで、複数でも同じ形にできること。

POINT 8 オーバーナイトって何？

こねたパン生地を一晩寝かして、翌日以降に成形する発酵方法がオーバーナイトです。ゆっくりと発酵させるので酵母が活発になり、風味が豊かになります。ここでは、冷蔵庫（3度）に8〜16時間入れ、成形する2時間前を目安にスチームオーブンレンジの発酵機能で生地温度を30度に上げる方法をとっています。また、ワインセラーに入れて16度の設定で10〜16時間おく方法もあります。

POINT 9 クープを入れる効果

焼成の前に生地の表面にクープを入れるのは、生地の表面積を広くして火の通りをよくするため。これにより生地内部の水分がスムーズに抜け、軽いクラムのパンに仕上がります。

POINT 10 パンを上手に切るには？

せっかく焼いたパンも、切り方しだいでは台なしに！パンは水分量の多い焼きたてを避け、かたさが安定してから切ることと、専用のパンナイフで切ることをおすすめします。

写真提供／サンクラフト

Pain de mie

パン・ド・ミ（食パン）

パン・ド・ミはフランス語で、
中身のパンという意味。
表面のクラストを楽しむバゲットに対して、
中身のクラムを楽しむことが、
このパンの骨頂です。
ふんわりとやわらかく、
小麦が香る味わい深いパン・ド・ミは、
毎日食べてもけっして飽きることがありません。
ここでは、成形を簡単にするために
パウンドケーキの型を利用して、
作りやすい小さめサイズの山形にしました。
ぜひ、焼きたての幸せを感じてください。

● **材料** │ 17cmパウンド型 3個分
（右の写真の中央から左に反時計回りに）

はるゆたかブレンド … 450g

全粒粉強力粉 … 50g

きび糖 … 30g

藻塩 … 9g

低温殺菌牛乳 … 20㎖

生クリーム … 10㎖

水 … 350cc

セミドライイースト※ … 5g

発酵バター（食塩不使用）… 35g

※サフ セミドライイースト（赤）を使用しています。

┌─ Warita's POINT ─┐

材料の温度の目安

ここでは、室温、粉温度（はるゆたかブレンドの
み）、水温の三つの温度を足した数値が「66」
になるようにします。室温と粉温度は同じと考え、
二つの温度を足した数字を「66」から引き、で
た数字に水温を設定します（きび糖、藻塩、牛乳、
生クリーム、セミドライイースト、発酵バターは計
算から除きます）。

● ミキシング | 5分ほど

① はるゆたかブレンドで輪を作り、その中に反時計回りに、上から全粒粉強力粉、きび糖、藻塩、少し離れてセミドライイーストを並べる。

Warita's POINT

スペースづくりが大切！

作業スペースを確保しましょう。シリコンのパンこねマットを使うと便利です！

② ドレッジを使って、輪の内側から少しずつ土手をくずし、粉同士をていねいにまぜ合わせる。

③ しっかりと粉同士がまざり合ったら、再度、元の輪の状態に整える。

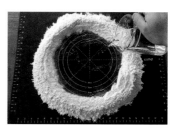

④ 輪の中に、水、牛乳、生クリームの順に流し入れる。

⑤ 再度、輪の内側からくずしながら、粉と水分をまぜ合わせる。

⑥ ドレッジで生地を伸ばして集めてをくり返し、全体をしっかりまぜる。

⑦ 生地がまざったら、ドレッジでかき集めて一つにまとめる。

● 生地をこねる | 7分ほど

① 生地をつかんで持ち上げ、台にたたきつける動作をくり返す（P.79「基本のこね方」を参考に）。

② 指でつまむと弾力があって、生地のつながりを感じるようになるまで行う。

● バターをまぜる｜3分ほど

① バターは冷たい状態のままたた いてつぶす。

② 生地にバターをのせて、ドレッジで細かく切るようにしてまぜていく。 くり返して全体にバターがまざるまで続ける。

③ 生地を丸めてまとめる。こね上げた生地の温度をはかり、26度になっ ていればOK。

Warita's POINT

26度に なっていない!?

26度より低い場合は、1 度当たり発酵時間を＋ 15分、高い場合は1度 当たり発酵時間を－15 分して、次の一次発酵 の時間で調整します。

● 一次発酵｜60分　　● 分割

耐熱ボウルに入れ、スチームオー ブンレンジの発酵機能を使い、30 度で60分一次発酵させる。

① 一次発酵を終えた生地をボウルからとりだし、台の上に戻し、ドレッ ジを使って3つに分割する。

● ベンチタイム｜20〜30分

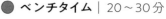

② 分割した生地をマットの上で転がすようにして丸めたら、バットに並べ る。このとき、生地間に膨らみ分の間隔をあける。

スチームオーブンレンジの発酵 機能を使い、30度で20〜30分、 生地を休ませる。

● 成形

① ベンチタイムが終わった生地を台に戻し、手で押したりたたんだりしながら、細い棒状に伸ばす。

② 生地の向きを縦にしてたたんで丸める。生地のはしは薄く伸ばしてくっつきやすくする。

③ 丸めてつなぎ目を下にする。型のサイズに合わせて幅を調整する。

④ パウンド型の内側に薄くバター（分量外）を塗り、写真の方向で生地を入れる。

● 二次発酵 ｜ 30〜40分　　● 焼成 ｜ 25分

型を角皿にのせスチームオーブンレンジの発酵機能を使い、30度で30〜40分二次発酵させる。

いったんとりだし、180度に予熱したスチームオーブンレンジで、25分（スチーム13分）焼く。

Warita's POINT

予熱をしましょう！

スチームオーブンレンジで発酵やベンチタイム、焼成を行う際、生地を庫内に入れるときに指定の温度になっているよう予熱をしておくといいです。

● 完成

焼き上がったらミトンをつけてとりだし、型からはずす。パンをケーキクーラーの上において冷ます。

クー、クー レーズン

クーはフランス語でしっぽという意味。
ビーバーの丸いしっぽをかたどって
名づけられた白パンです。
具材の味を引き立てるのが特徴で、
ビーバーブレッドでも
チーズ、トマト、栗、コーヒー…
とさまざまな具材を入れて提供しています。
ここで作るのはプレーンなクーと
レーズンを入れたクーの2種類。
慣れたらいろいろな具材を入れて
楽しんでください。

● **材料**｜計12個分
（右の写真の中央から左に反時計回りに）

はるゆたかブレンド … 500g

きび糖 … 30g

藻塩 … 9g

低温殺菌牛乳 … 20mℓ

生クリーム … 10mℓ

水 … 350mℓ

セミドライイースト※ … 5g

発酵バター（食塩不使用）… 35g

レーズン … 180g

※サフ セミドライイースト（金）を使用しています。

> **Warita's POINT**
>
> **材料の温度の目安**
>
> ここでは、室温、粉温度（はるゆたかブレンドの
> み）、水温の三つの温度を足した数値が「66」
> になるようにします。室温と粉温度は同じと考え、
> 二つの温度を足した数字を「66」から引き、で
> た数字に水温を設定します（きび糖、藻塩、牛
> 乳、生クリーム、セミドライイースト、発酵バター、
> レーズンは計算から除きます）。

● ミキシング │ 5分ほど

① はるゆたかブレンドで輪を作り、その中に反時計回りに、上からきび糖、藻塩、少し離してセミドライイーストを並べる。

② ドレッジを使って、輪の内側から少しずつ土手をくずし、材料をていねいにまぜ合わせる。

③ しっかりと粉同士がまざり合ったら、再度、元の輪の状態に整える。

④ 輪の中に、水、牛乳、生クリームの順に流し入れる。

⑤ ドレッジで輪の内側からくずしながら、粉と水分をまぜ合わせる。

⑥ 生地を伸ばして集めてをくり返し、全体をしっかりまぜたら1つにまとめる。

● 生地をこねる │ 7分ほど

生地をつかんで持ち上げ、台にたたきつける動作をくり返す（P.79「基本のこね方」を参考に）。 徐々に弾力がでて、生地のつながりを感じるようになる。

● バターをまぜる │ 3分ほど

① バターは冷たい状態のままたたいてつぶす。

② 生地にバターをのせて、ドレッジで細かく切るようにしてまぜる。 全体にバターがまざるまで続ける。

● 具材をまぜる｜5分ほど

生地を2つに分割し、それぞれを丸める。片方の生地は伸ばして中央にレーズンを包み、全体にまぜ合わせたら、再び丸める。

● 一次発酵｜オーバーナイト

保存容器の中に生地を入れ、膨らみ分の余裕をもたせてビニールをかけ、冷蔵庫で一晩おく。生地温度を上げてから、次の作業を行う。

Warita's POINT

オーバーナイトとは？

生地の発酵を低温でゆっくり（一晩）行う方法。ここでは冷蔵庫（3度）に8～16時間入れ、成形する2時間前にオーブンレンジの発酵機能を使い生地温度を30度に上げます（P.79参照）。

● 分割

生地を台の上に出し、それぞれ細長い形にしたあと、ドレッジを使って6等分にする。

● ベンチタイム｜20～30分

生地を丸めてバットに並べ、スチームオーブンレンジの発酵機能を使い、30度で20～30分、生地を休ませる。

Warita's POINT

夏場は？

室内の温度が高い夏場では、乾燥防止のふきんなどをかけ、生地を30分ほど室温で休ませてもOKです。

● 成形

① ベンチタイムが終わった生地を台に戻し、手のひらで転がすようにして丸く形を整える。

② 丸い生地の一部分に1回だけ強力粉（分量外）をつける。

● 二次発酵 │ 45分

③ 生地の幅に合わせてパンマットにうねを作り、その中に強力粉がついた部分を下にして生地を並べる。

布をかけて、25度前後の室温で45分おく。

● クープを入れる

クッキングシートの上に、粉がついたほうを上にして生地を並べ、クープを入れる（P.91参照）。

● 焼成 │ 18分

200度に予熱したスチームオーブンレンジに入れて、200度で18分（スチーム9分）焼く。

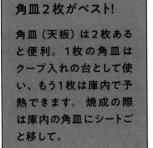

Warita's POINT

角皿2枚がベスト!

角皿（天板）は2枚あると便利。1枚の角皿はクープ入れの台として使い、もう1枚は庫内で予熱できます。焼成の際は庫内の角皿にシートごと移して。

● 完成

焼き上がったらミトンをつけて角皿をとりだし、パンをケーキクーラーの上において冷ます。

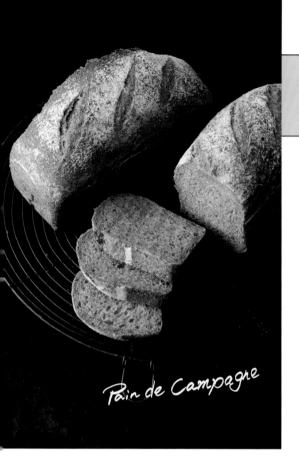

Pain de Campagne

カンパーニュ

カンパーニュは、フランスのみならず
世界中で愛されている食事パン。
パン専門店が増えている日本でも、
人気が高まっています。
ハードパンの代表格ともいえるこのパンを
おうちで焼けたら素敵ですよね。
カンパーニュ作りの仕込みや
成形の難しい工程をアレンジして、
初心者でもおいしく作れる
簡単バージョンにしました。
ここでもパン・ド・ミで使った
パウンド型が活躍します。
ぜひわが家のカンパーニュ作りに
トライしてみてください。

● **材料** ｜ 17cmパウンド型 3個分
（右の写真の中央から左に反時計回りに）

全粒粉強力粉 … 350g

オペラ … 150g

藻塩 … 10g

水 … 350㎖

セミドライイースト※ … 1g

※サフ セミドライイースト（金）を使用しています。

┌─ Warita's POINT ─┐

材料の温度の目安

ここでは、室温、粉温度（全粒粉強力粉のみ）、水温の三つの温度を足した数値が「68」になるよう
にします。室温と粉温度は同じと考え、二つの温度を足した数字を「68」から引き、でた数字に水
温を設定します（藻塩、セミドライイーストは計算から除きます）。

● ミキシング｜3分ほど

ボウルを2つ用意し、1つに水と藻塩を入れて食塩水を作り、1つに全粒粉強力粉、オペラ、セミドライイーストを入れてまぜる。この2つをヘラなどを使ってまぜ合わせる。

> **Warita's POINT**
>
> ### 25度に
> ### なっていない!?
>
> 25度より低い場合は、1度当たり発酵時間を＋15分、高い場合は1度当たり発酵時間を－15分と、次の一次発酵(1)の時間で調整します。

● 生地をこねる｜3分ほど

① ボウルの中で生地をよくこねる。ここでは3分と時間をくぎってスピーディに行う。

② こね上げたら生地をまとめて温度をはかる。25度になっていればOK。

● 一次発酵 (1)｜60分

生地を丸めて室温25〜30度で一次発酵(60分)させる(発酵中はボウルにふきんをかける)。

> **Warita's POINT**
>
> ### パンチとは?
>
> 発酵中に発生したガスが全体に均一になること、生地のコシを強くすることを目的に行います。生地の折りたたみをくり返すことで、生地にふっくらとしたハリがでて、次の発酵がスムーズになります。

● 一次発酵中のパンチ｜2回

一次発酵を開始して30分後と終了時に計2回、生地を手前から奥、奥から手前に折りたたみ、手で押すパンチ作業を1分ほどくり返す。

● 一次発酵（2）｜オーバーナイト

生地を軽く丸め、ボウルにラップをかけて、冷蔵庫で一晩おく。生地温度を上げてから、次の作業を行う（P.79「オーバーナイトって何？」参照）。

（P.79「オーバーナイトって何？」参照）

Warita's POINT

打ち粉とは？

生地を伸ばすときに、生地が台やボウルなどにくっつかないようふるう小麦粉のこと。強力粉が適しています。

● 分割

① 一次発酵を終えた生地に打ち粉をし、ボウルからとりだし、台にのせドレッジを使って3つに分割する。

② 分割した生地を再度パンチの要領で、何度か折りたたみ、手で丸い形に整え、バットに並べる。このとき、生地間に膨らみ分の間隔をあける。

● ベンチタイム｜20〜30分

スチームオーブンレンジの発酵機能を使い、30度で20〜30分、生地を休ませる。

● 成形

生地をバットからだして台におき、手前から奥、奥から手前に折りたたみながら、棒状に伸ばしていく。

● 二次発酵 | 45〜60分

① 型にバター（食塩不使用・分量外）を薄く塗り、つなぎ目を下にして生地を入れる。

② 型を角皿にのせスチームオーブンレンジの発酵機能を使い、30度で45〜60分二次発酵させる。

● クープを入れる | 1分

いったんとりだし、茶こしを使って打ち粉（強力粉・分量外）をしたあと、クープナイフで生地の表面に斜めに3本ずつクープを入れる。

● 焼成 | 30分

200度に予熱したスチームオーブンレンジで、200度で15分、180度に落としてさらに15分（スチーム15分）焼く。

● 完成

焼き上がったらミトンをつけてとりだし、型からはずす。パンをケーキクーラーの上において冷ます。

おうちでパンをおいしく食べるための

Q & A

パンの保存、リベイク法

Q. パンの賞味期限はどのくらい？

A. パンは焼き上がった次の瞬間から乾燥と硬化が始まり、味が落ちていきます。 おいしく食べられるのは夏場を除けば、食パンなら常温で3日ぐらい、バゲットなどのハードなパンは2日ぐらいです。 サンドイッチや総菜パンは、日もちしないのでその日のうちに食べましょう。

Q. パンの保存方法を教えて

A. 賞味期限内に食べきれる分はポリ袋に入れて保管し、食べきれない分はすぐに冷凍保存するのがおすすめ。 冷凍したパンの日もちは2～3週間です。 ただし、生クリーム、生の野菜やフルーツを使ったパンは冷凍には向きません。 なお、冷蔵庫内はパンが乾燥しやすいので保存には向きません。

Q. パンの冷凍のコツは？

A. 大切なのはできるだけ早く凍結させること。 大きなパンはスライスして小分けにし、それぞれをラップできっちりと包み、冷凍用保存袋に入れます。 こうすることで早く凍結できて食べるときも効率的です。 カレーパンのような総菜パンは切らずに冷凍しましょう。 パンには臭いが移りやすいので、冷凍の際はしっかり密封しましょう。

Q. 解凍方法も教えてください

A. 解凍するときはラップをしたまま常温の自然解凍がおすすめです。 小分けしたパン、小さな総菜パンであれば、30分ほどで解凍できます。 また時間がない場合は、ラップをはずして耐熱皿にのせ、パンの大きさに合わせて、電子レンジ（600Ｗ）で20～30秒加熱します。

Q. おいしく食べる方法は？

A. リベイクがおすすめ。 リベイクとは、パンを焼き上がったばかりのような状態に戻すこと。 オーブントースターでリベイクする場合は、パンをアルミホイルで包み、約200度に予熱したオーブントースターでパン全体が温まるまで焼きます。 ポイントは必ず予熱すること。 魚焼きグリルでリベイクする際も、強火で3分ほど予熱してから同様に焼きます。

Q. トーストとリベイクの違いは?

A. トーストはパンをオーブントースターやスキレットなどで焼き、表面に軽く焼き目をつけることです。 こうすることで、生のパンとは違う香りや味、サクッとした食感を楽しめます。 ただ、焼きすぎると、パンの中の水分が蒸発して全体がかたくなってしまうので注意。 なお、冷凍したパンは、解凍してからリベイクやトーストをするといいです。

パン作りについて知りたいこと

Q. パン作りに適した季節はありますか?

A. パン作りがしやすい環境は、室温24〜30度、湿度が50〜70%といわれています。 それによると、気温、湿度とも高くなる5〜7月がパン作りに向いていますね。 秋や冬は湿度が低いためパン生地が乾燥しやすいので、加湿や霧吹きなどの対策を。

Q. パン生地を保存することは可能?

A. こね上げたパン生地を保存したい場合、冷蔵庫で1〜2日、真冬なら1週間程度です。 冷蔵庫の庫内温度は2〜5度。 イースト菌の活動は5度以下になると停止します。 冷蔵庫からだしたあとは、パン生地を26度程度の室温にもどしてから発酵させ、その後の工程に移るとよいです。

Q. 長時間のパン作りをもっと簡単にしたいです!

A. この本でも紹介していますが、オーバーナイト法(低温長時間発酵)といって、こねたあとのパン生地を冷蔵庫に入れて一晩寝かせて、翌日に次の作業をする方法があります。 工程が2日間に分かれることで、作業の負担が軽くなり、パンの風味もよくなるというメリットがあります。

Q. パン作り、どうやったら上達しますか?

A. まずは自分の好きなパンを何度かくり返して焼いてみることです。 パンは「生き物」なので、作業中のちょっとしたデリケートな要因で仕上がりが違ってきます。 でも、何度もくり返すことで、肌感覚でパンの気持ちがわかるようになり、必ず上手に焼けるようになりますよ!

あとがき

　2017年、東日本橋に「ビーバーブレッド」をオープンさせてから、はや7年目になります。長い年月、都心のど真ん中、銀座のブーランジェリーでひたすらパンを焼く日々を送っていた僕が、独立するのになぜ下町の商店街にある小さな店舗を選んだのか。その答えは一つです。そこで生活する人々の行きかう様子や、話し声、自転車の音…、風の流れや季節の移り変わり、そんな、人々の営みや街の空気感を、もっと身近に感じられるような場所でパンを焼きたいと思ったからです。

　開店当時のことはいまでもよく覚えています。ほとんど宣伝もしてなかったのに、お店の前にはなんと行列ができていました。お客さまから、「パン屋さんがなかったから、待ってたのよ」と声をかけられ、本当に嬉しかった。そんなふうに日々お客さまやスタッフたちとコミュニケーションをとりながら、メロンパンやクリームパン、カレーパンなどの日常的に食べたくなるパンを作る一方で、僕がそれまで作り続けてきたフランスのバゲットやカンパーニュなどのパンをそろえてきました。

　フランスのパンは材料がシンプルなだけに、気温、湿度などの影響を受けやすく、日々、材料の配合、発酵具合、焼きかげんを調節しなくてはなりません。僕自身、いまも毎日パンと会話しながら焼いています。

　そういう意味では、日常的な変化を受け入れ、進化をくり返す日々を過ごしてきました。進化の軌跡は、商品にも表れています。あと味にレモンが香るしっとりしたメロンパン、ナッツの食感のあとにピリッとしたスパイスがクセになるスパイシーナッツスコーン、ドライトマトやベーコンをねり込んだクー（白パン）、国産小麦を使った6kgもある大きなカンパーニュ。そんなビーバーブレッドならではの個性的なパンを求めて毎日のように来てくださる方、遠方から来てくださる方、すべてのお客さまにビーバーブレッドは支えられてきました。本当にありがとうございます。

　ビーバーブレッドを知っている方にも、知らない方にも、生活の中にパンのおいしさ、楽しさをもっと届けたい。パンの世界を広げてもらいたい。そんな思いでこの本を制作いたしました。制作にあたっては、僕の曖昧模糊とした発想をおいしい料理へと昇華してくださったフードコーディネーターのみなくちなほこさん、アシスタントの佐々木恵美さん、美しい写真にしてくださったカメラマンの佐山裕子さん、素敵な本にしてくださったデザイナーの宮崎絵美子さん、編集者の網野由美子さん、編集担当の町野慶美さんと主婦の友社の方々、本当にありがとうございました。また、アシスタントをしてくれた金子萌子＆ビーバーブレッドの皆、お疲れさまでした。最後にこの本のために、魅力的なイラストを描いてくれた僕の大好きな画家、山口一郎さんに心からお礼申し上げます。

2024年4月吉日　割田健一

BEAVER BREAD ビーバーブレッド

問屋街として知られる東日本橋の商店街に2017年にオープンした1号店。 地元の住民を中心に、またたく間に人気店となり現在も行列がたえません。 食事に合うハード系のパンをはじめ、日本の定番パンをアップデートした菓子パン、総菜パン、サンドイッチなどが並ぶ、毎日通いたい街のパン屋さんです。

―――

東京都中央区東日本橋3-4-3
平日8:00〜19:00／土日祝8:00〜18:00
月・火定休 ☎03-6661-7145

BEAVER BREAD BROTHERS ビーバーブレッドブラザーズ

東京メトロ日比谷線「虎門ヒルズ駅」に2023年にオープンした2号店。 店内は、広いオープンキッチンに沿ってパン棚が並び、職人たちがパンを作る様子を見ながら、パンが選べます。 19時以降は、バーとしての営業を開始、お酒を片手につまみパンやベーカリーならではのオーブン料理が楽しめます。

―――

東京都港区虎ノ門2-6-3 虎ノ門ヒルズステーションタワーB2
Bakery 8:00〜18:30／Bar 19:00〜24:00
日定休 ☎03-6268-8712

bouquet ブーケ

ビーバーブレッド姉妹店のカフェ&レストラン。 オフィス街でもある東日本橋の需要に合わせて朝からオープンしています。 アンティーク家具がおかれたおしゃれな店内。 ビーバーブレッドの工房で焼き上げたパンを使ったトースト、サンドイッチはもちろん、食材にこだわったカフェメニューやデザートが楽しめます。

―――

東京都中央区東日本橋3-9-11
9:00〜17:00 (16:30 L.O.)
月・火定休 ☎03-4363-0438

割田健一（わりた・けんいち）

BEAVER BREAD代表。ブーランジェ。1977年生まれ、埼玉県出身。高校卒業後、「ビゴの店」プランタン銀座店に入店。パン職人として腕を磨き、2006年より同店のシェフを務める。2007年、パンの世界大会である「モンディアル・デュ・パン」第1回大会の日本代表に選抜。2011年から「銀座レカン」グループのブーランジェリーシェフを務め、2014年12月「ブーランジェリー レカン」を開店。退職後、2017年11月東日本橋に「BEAVER BREAD」、2022年9月に「bouquet」、2023年10月虎ノ門ヒルズに「BEAVER BREAD BROTHERS」をオープンする。毎日、店舗でパンを焼く日々を送りながら、企業やレストランからの依頼でパンに関わる商品開発、プロデュースなどを行う。また、国内外でのパン教室、講習会での講師も務める。著書に、『「ビーバーブレッド」割田健一のベーカリー・レッスン』（世界文化社）、共著に、『低糖質、食物繊維たっぷりでおいしい! おうちで作る大麦粉料理』（小学館）がある。

行列のたえないパン店 ビーバーブレッドの新提案

パパパパン定食
和洋中いつもの料理がパンに合う!

2024年5月31日　第1刷発行

著　者　割田健一
発行者　平野健一
発行所　株式会社 主婦の友社
　　　　〒141-0021 東京都品川区上大崎3-1-1
　　　　目黒セントラルスクエア
　　　　電話：03-5280-7537（内容・不良品の問い合わせ）
　　　　　　　049-259-1236（販売）
印刷所　大日本印刷株式会社

製パン・企画 ── 割田健一
アシスタント ── 金子萌子（BEAVER BREAD）
装丁・デザイン ── 宮崎絵美子（製作所）
撮影 ── 佐山裕子（主婦の友社）
フードコーディネート・スタイリング ── みなくちなほこ
アシスタント ── 佐々木恵美
イラスト・タイトル文字 ── 山口一郎
編集・文 ── 網野由美子
編集担当 ── 町野慶美（主婦の友社）

撮影協力 ── パナソニック株式会社
　　　　　　株式会社cotta
　　　　　　株式会社サンクラフト
　　　　　　江別製粉株式会社

商品協力 ── 株式会社フィラディス
　　　　　　（Because,ワインシリーズ）
　　　　　　https://school.because-wine.com/
　　　　　　Fleur de Sarrasin（蕎麦味噌）
　　　　　　http://www.fleurdesarrasin.tokyo
　　　　　　朋和商事株式会社（海人の藻塩）
　　　　　　https://www.moshio.co.jp